KB133454

오타니 쇼헤이의
쇼타임

SUKI TO TOKUI DE YUMEOKANAERU———— OTANI SHOHEI KARAMANABU SEIKO
METHOD
by Mitsuo Kodama
Copyright © Mitsuo Kodama, 2021
All rights reserved.
Original Japanese edition published by KAWADE SHOBO SHINSHA Ltd. Publishers
Korean translation copyright © 2023 by the Next Plan Book
This Koean edition published by arrangement with KAWADE SHOBO SHINSHA Ltd. Publishers,
Tokyo, through OfficeSakai and BC Agency

오타니 쇼헤이의 쇼타임

**평범함을 위대함으로 바꾼
오타니의 40가지 원칙**

고다마 미쓰오 지음 | 김외현 옮김

차 선 책
THE NEXT PLAN

Opening
Address

'나만의 쇼타임'을 만들어 가시길, 오타니처럼

김외현

2023년 3월 22일 미국 마이애미에서 열린 월드 베이스볼 클래식(WBC) 결승전. 세계 최강을 가리는 이 경기에서 미국과 일본이 맞붙었다. 9회 초, 일본이 3대 2로 앞선 상황에서 미국의 공격. 일본이 1점 차를 지키면 경기는 그대로 끝이었다.

일본 팀 마무리 투수로 오타니 쇼헤이가 올라왔다. 오타니가 누구인가. 투수이면서 동시에 타자로 뛰는, 그러면서 일본과 미국 리그에서 모두 극찬을 얻은 살아 있는 전설 아닌

가. 오타니는 앞서 3월 9일 첫 경기였던 중국전에서 선발 투수(겸 3번 타자)로 등판해 일본 팀 승리의 스타트를 끊었다. 이후 모든 경기를 '전승'으로 이끌어 온 일본 팀. 새로운 역사의 마무리도 결국 오타니가 장식할 것인가. 전 세계 야구팬들이 숨을 죽였다.

첫 타자 제프 맥닐은 볼넷으로 내보냈다. 다음 타자 무키 베츠는 병살타로 잡아 투 아웃이 됐다. 타석에 올라온 건 미국 팀 주장 마이크 트라웃. 세 차례나 아메리칸리그 MVP에 선정된, 메이저리그 역대 최고 연봉에 빛나는 미국 최고의 강타자. 오타니 쇼헤이와는 LA 에인절스 동료여서 원래는 두 사람의 대결은 볼 수가 없다. 그런데 하필 이날 이 순간에 만났다. 경기가 끝나면 두 사람은 같은 팀으로 복귀하지만, 둘 중 한 명만 트로피를 들고 있을 것이었다.

볼. 스윙. 볼. 스윙. 볼. 풀 카운트가 됐다. 오타니는 연신 시속 161km 안팎의 강속구를 내리꽂았다. 보는 사람들이 모두 두근두근 하는 사이 마지막 변화구가 날아가고, 트라웃의 방망이는 허공을 갈랐다. 헛스윙 삼진. 오타니의 승리였다. 그날 한 방송사 중계진은 이 장면을 이렇게 표현했다.

"어떤 작가에게 이런 드라마를 쓰라고 해도 쓰지 못할 겁니다. 2023 WBC는 오타니 선수로 시작해서 오타니 선수로 끝나게 됐어요."

좀처럼 감정 표현을 하지 않는 오타니가 글러브와 모자를 벗어던지며 포효하고는, 동료 선수들과 얼싸안으며 기뻐하던 그날의 모습은 많은 사람들의 뇌리에 각인되었다.

이후 오타니 쇼헤이는 전 세계의 화젯거리가 됐다. 야구 팬들은 이미 한참 전부터 그의 실력에 혀를 내두르고 있었지만, WBC는 야구 세계 밖의 수많은 사람들도 오타니의 매력을 느끼게 해주었다. 190cm 장신에 준수한 외모를 가진 그는, 항상 겸손하고 예의바른 태도에 서글서글한 웃음을 지으면서 상대를 존중하는 신중한 언행으로 좋은 인상을 줬다.

하지만 무엇보다 오타니의 인생 자체가 일본 야구 만화에서나 볼 법한 드라마와 같다.

유망한 초등학생에서 세계 최고의 스타로

오타니는 1994년생으로 일본 동북 지방 이와테현 미즈사

와시(현재 오슈시)에서 태어났다. 아버지는 한때 사회인 야구 선수였고, 어머니는 학생 시절 배드민턴 선수였다. 초등학교 3학년 때 지역 리틀리그에서 야구를 시작했으며, 초등학교 5학년 때 구속이 시속 110km를 기록했다. 중학생 때는 소속 학교의 전국대회 출전을 이끌며 두각을 나타냈고, 고등학교에 진학하고는 1학년 가을 시즌부터 투수를 맡아 최고 구속 시속 147km, 2학년 때는 시속 151km, 3학년 때는 아마추어 야구 사상 최초로 시속 160km를 기록해 세간의 주목을 받았다.

고등학교 졸업 뒤 바로 프로 데뷔를 선언하면서 미국 진출을 타진했지만, 홋카이도 닛폰햄 파이터스 구단의 간곡한 설득 끝에 일본 프로 야구를 택했다. 촉망받는 신인답게 투수로서 승리를 이끌어 내면서 타자로서 홈런도 치는 등의 성과를 이어갔다. 프로 데뷔 2년 차인 2014년, 일본 프로 야구 사상 처음으로 두 자릿수 승리 투수이자 두 자릿수 홈런 타자를 동시에 달성하는 진기록을 세웠고, 2015년엔 WBSC 프리미어 12 대회에 일본 대표로 출전했다. 2016년에는 시속 165km를 던지며 일본 최고 기록을 갈아 치우고, 닛폰햄 파이터스의 일본 시리즈 우승을 이끌며 MVP에 선정됐다.

오타니는 2017년 미국 진출을 선언하며 LA 에인절스와 계약했다. 2018년 메이저리그 데뷔 첫해, 투수와 타자를 겸하는 선수로서는 처음으로 '이번 주의 선수'에 오르고 리그 신인왕을 수상하는 등 선전했으나 팔꿈치 부상으로 수술을 받았다. 뒤이어 2019~2020년엔 부상에 따른 부진을 겪었다.

2021년 재활에 성공해 복귀한 오타니는 투수로서는 9승을 거두고, 타자로서는 46개의 홈런을 날리며 시즌 내내 압도적인 퍼포먼스를 보여주었다. 필드를 뒤흔드는 그를 보며, 엠엘비닷컴(MLB.com)은 그 놀라움을 다음과 같이 표현했다. "메이저리그 홈런 선두가… (타자가 아니라) 투수다. 이 문장을 쓰면서도 여전히 말이 안 되는 것 같다. 오타니가 해내고 있는 일을 정상이라고 생각하지 마라. 왜냐하면 정상이 아니기 때문이다."

오타니는 그해 여러 매체로부터 '올해의 선수'로 선정됐고, 1933년 올스타전이 시작된 이래 최초로 투수와 타자로 동시에 출전하는 선수가 됐다. 미국야구기자협회는 만장일치로 그를 MVP로 선정했다. 야구 선수로는 유일하게 《타임》 선정 '올해의 인물' 후보에 이름을 올린 오타니는 '세계에서 가장 영향력 있는 100인'에도 선정됐다.

이 같은 기록이 우연이 아니라는 것을 오타니는 계속해서 입증하고 있다. 2022년 그는 투수로서는 전년보다 더 많은 승리를 거두고, 타자로서는 더 높아진 타율을 기록했다. 2023년에는 일본팀의 WBC 우승을 이끌었다. 이제 미국 언론은 메이저리그 최고의 선수 1위에 오타니를 꼽는 데 전혀 주저함이 없다. 아직 채 서른이 되지 않은 그가 앞으로 어디까지 발전할 것인지를 지켜보는 것도 흥미진진한 일이다.

오타니의 진정한 재능은 노력과 실천

이 책은 오타니의 열혈 팬을 자처하는 일본의 스포츠 심리학자가 오타니의 발언과 행동을 유심히 살펴보면서, 그가 지금처럼 빼어난 선수로 성공할 수 있었던 비결을 분석한 내용을 담고 있다. 오타니의 성공 비결 40가지를 평범한 일상을 살아가는 우리들이 어떻게 자신의 삶에 적용할 수 있을지 알려주고, 구체적인 규칙을 만들어 주기도 한다.

책에서 알 수 있듯이, 오타니는 자신의 재능을 연구하고 현실적으로 파악해, 그것을 꾸준히 갈고닦으며 남다른 수준

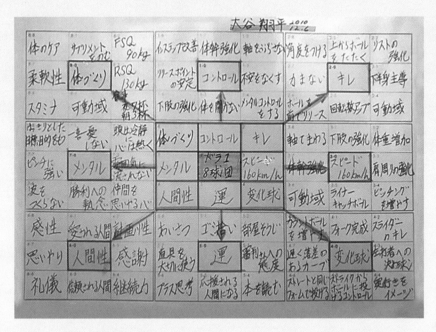

오타니 쇼헤이의 만다라트

출처 : 스포츠닛폰

으로 끌어올리는 노력을 게을리하지 않았다. 이는 '예체능 분야의 성공은 타고난 재능이 필수적이다'라는 세간의 인식을 무색하게 만든다. 가령 오타니의 남다른 피지컬이 지금의 그를 만든 바탕이 아니었느냐고 한다면, 오타니가 고등학생 때 야구 선수다운 덩치를 키우기 위해 하루에 밥을 열세 공기씩 먹으며 노력했다는 일화를 모르고 하는 소리다.

Opening Address 011

오타니가 고등학교 1학년 때 만든 만다라트 계획표(그림 참조)를 봐도, 그가 특별한 재능을 키우고 싶어 얼마나 노력했는지 알 수 있다. 오타니는 이 표에서 일본 프로 야구 여덟 개 팀으로부터 신인 드래프트 1번으로 지명 받는 것을 최종 목표로 잡았다. 그러고는 몸 만들기, 멘탈, 인간성, 구속, 제구 등 여덟 가지 요소를 정리하고, 각각의 요소를 위해 필요한 여덟 가지 세부 목표를 정리했다. 세부 목표에는 '승리에 대한 집념', '응원 받는 사람이 되자', '하체 강화' 같은 내용이 있다. 오타니에게 특별한 것이 있다면, 이런 걸 생각하고 정리해서 실천하는 능력 아니었을까.

다시 2023년 3월 22일 WBC 결승전이 있었던 마이애미로 돌아가자. 경기 시작 전 일본팀 라커룸에서 오타니는 동료 선수들을 모아놓고 "(경기장에는) 존경할 만한 (미국) 선수들이 가득 있지만, 존경만으로는 그들을 넘어설 수 없다. 우리는 정상에 서기 위해 여기 왔으니 승리만을 생각하자."라고 말했다. 만약 그 라커룸에 있는 선수 중 한 명이었다면 이 말을 듣고 기분이 어땠을까? 세계 최강 미국을 상대한다는 두려움은 둘째 치고, 오타니와 함께하는 쇼타임이 너무도 설레고 기대되지 않았을까?

이 책을 통해 여러분 모두 오타니 쇼헤이의 쇼타임에 푹 빠져들 수 있기를 바란다. 그리고 각자 자신의 무대에서 자기만의 쇼타임을 만들어 내시길 진심으로 기원한다.

차례

Game 01 오타니처럼 꿈꾸기
'좋아하는 것'과 '잘하는 것'을 무기로 꿈을 이루다

오타니처럼 잘되기
'강한 운'을 끌어당겨 마음먹은 대로 이루다

오타니처럼 바로 보기
자신을 제대로 아는 것이 성공을 앞당긴다

Rules
of
Game

평범함을 위대함으로 바꾸는 오타니 매직

메이저리그 2021년 시즌 46홈런, 9승2패이라는 오타니 쇼헤이 선수의 성적은 103년 전 베이브 루스가 기록한 '두 자릿수 승리 & 두 자릿수 홈런'에 1승이 모자라지만, 전 세계에 강렬한 임팩트를 남겼습니다. 오타니의 활약은 메이저리그 바깥 세계에서도 주목을 받았고, 《타임》은 그를 '세계에서 가장 영향력 있는 100인'으로 선정하였습니다. 오타니의 기록은 매년 좋아지고 있고, 전 세계에서 활약하고 있는 모든 스포츠 종목의 선수들 가운데 가장 주목받는 선수 중 하나라는 것은 틀림없습니다.

이 책은 '좋아하는 것'과 '잘하는 것'을 어떻게 위대한 업적으로 바꿀 수 있는지를 다룰 것입니다. 오타니 선수는 공부와 일에 숨어 있는 이 두 가지 요소를 최대한 활용하여 피땀 흘리는 단련을 쌓았기 때문에 위대한 업적을 이룰 수 있었습니다.

이 책은 오타니 쇼헤이의 비법을 빌려 와, 당신의 잠재력을 마음껏 발휘할 수 있게 해주는 가이드북입니다.

만약 당신이 자신의 '좋아하는 것'과 '잘하는 것'을 무기로 삼아 일이나 공부에 임한다면, 잠재력이 최대한 발휘되어 '또 다른 멋진 나'를 만날 수 있습니다.

뿐만 아니라 '좋아하는 것'과 '잘하는 것'을 전면에 내세워 눈앞의 일에 최선을 다하면 '유능감'과 '자기 긍정감' 같은 긍정적 요소가 마음속에 생겨나서, 오타니 선수 같은 '자신감 넘치는 표정과 태도'를 갖게 되고 훌륭한 성과를 낼 수 있게 됩니다. 저명한 계몽주의자 앨런 피즈의 가르침을 새겨봅니다.

"좋아하는 일을 찾아라. 더 이상 하루라도 무의미한 일에 시간을 낭비할 수 없다."

오타니는 어렸을 때부터 "자라서 메이저리거가 되고 싶다!"는 말을 스스로에게 반복해서 들려주었기에 꿈을 이룰 수 있었습니다.

이 책은 제가 직접 개발한 것뿐 아니라 전 세계에서 활용되고 있는 '꿈을 이루기 위한 체크 리스트'를 다수 수록하고 있습니다. 당신이 마음에 드는 것을 발견하고, 당신의 생각을 리스트에 적어 넣고, 행동을 취하시기 바랍니다. 그리고 그것을 엮어두었다가, 때때로 자신의 인생에서 길이 잘 보이지 않거든 꼭 다시 꺼내 읽어보기 바랍니다.

고다마 미쓰오

일러두기
각주는 모두 옮긴이 주입니다.

오타니처럼 꿈꾸기

'좋아하는 것'과
'잘하는 것'을 무기로
꿈을 이루다

무언가가 되고 싶다면
이미 된 것처럼 행동하라

2021년 시즌 오타니 쇼헤이 선수의 활약은 굳이 설명할 필요가 없을 것입니다. 타자로서는 홈런 46개와 도루 26개, 투수로서는 9승 2패, 방어율 3.18이라는 경이로운 기록을 남겼습니다.

뿐만 아니라 투타 다섯 개 부문에서 '100 이상'등판 130회 1/3, 삼진 156개, 안타 138개, 득점 103개, 타점 100개이라는 역대 최초 기록을 달성했습니다.

2021년 7월 13일에 열린 올스타전에서 오타니는 메이저리그의 긴 역사에서 유일하게 이도류[●]로 출전했습니다. 그리고 콜로라도주 덴버의 쿠어스 필드에서 관중석을 가득 메운 4만 9184명의 팬들을 열광하게 했습니다.

시즌 마지막까지 오타니와 홈런왕 경쟁을 펼치고, 올스타전에서는 MVP를 차지한 토론토 블루제이스의 블라디미르 게레로 주니어는 올스타전이 끝난 뒤 다음과 같이 말했습니다.

"나라면 오타니를 MVP로 뽑겠지만, 오늘은 내가 MVP가 됐다. 그 점을 기쁘게 생각한다. … 오타니는 이 세상 사람이 아니다. 믿기지 않는다."

-《속보 오타니 쇼헤이 이도류 올스타 게임速報大谷翔平二刀流ALL STAR GAME》,
산케이스포츠출판국

오타니가 올라운더로 활약할 수 있는 비결은 그가 자신의 잠재 능력을 최대치로 끌어올렸기 때문입니다.

우리에게는 두 종류의 의식이 존재합니다. 바로 '나타난 의식'과 '잠재된 의식'입니다. 우리는 흔히 '나타난 의식'이 자

● 이도류(二刀流)는 양손에 하나씩 칼 두 자루를 쓰는 검법(쌍검술)을 지칭한다. 근래에 야구에서는 투수와 타자를 겸하는 선수라는 의미로 오타니를 수식하는 대표적인 표현이 됐다.

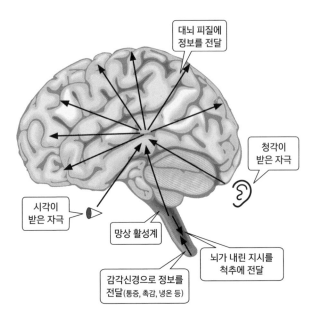

대뇌 피질에
정보를 전달

청각이
받은 자극

시각이
받은 자극

망상 활성계

뇌가 내린 지시를
척추에 전달

감각신경으로 정보를
전달(통증, 촉감, 냉온 등)

앨런 피즈·바바라 피즈 공저, 《결국 해내는 사람들의 원칙(The Answer)》에서 인용

신의 행동을 통제하고 있다고 생각합니다. 하지만 잘못된 생각입니다. 우리 행동의 80퍼센트를 지배하는 것은 '잠재된 의식'입니다.

우리의 뇌 속에는 '망상 활성계RAS: Reticular Activating System'라는 시스템이 존재합니다. 이는 포유류 뇌의 뇌줄기 뇌간에 있으며 생명 활동을 유지하는 역할을 합니다. 이 기능이 없으면 인간은 살아갈 수 없습니다.

RAS에는 또 하나의 중요한 기능이 있습니다. 바로 '잠재의식'입니다. 이는 인간만이 보유하고 있는 고도의 기능입니다.

침팬지의 RAS가 생명을 유지하기 위한 원시적인 컴퓨터라면, 인간의 RAS는 최신식 슈퍼 컴퓨터라고 할 수 있습니다.

자동차에 비유하자면 나타난 의식은 '수동 모드'이고, 잠재된 의식은 '자동 모드'라고 할 수 있습니다.

RAS의 훌륭한 기능 중 하나는 GPS 시스템입니다. 당신이 잠재의식에 어디로 가고 싶은지를 입력하면, 그 다음은 GPS 시스템이 네비게이션 역할을 하면서 목적지에 데려다줍니다.

오타니 선수는 "메이저리거가 되고 싶다!"라는 메시지를 반복해서 잠재의식에 입력하고 피를 말리는 노력을 거듭했습니다.

어린 시절부터 이미 메이저리거가 된 것처럼 행동했기 때

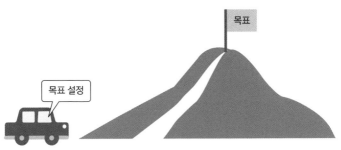

목표를 설정하면 GPS 시스템처럼 RAS가 자동으로 움직여
목표 실현으로 가는 길이 열린다

문에 그 꿈이 현실이 된 것입니다.

RAS의 GPS 시스템은 내가 원하는 것을 자주 입력하기만 하면 정상적으로 작동합니다. 그러니 '원하지 않는 것'이나 '내가 못하는 것'에 대해서는 아예 생각을 하지 마십시오. 그저 내가 '좋아하는 것'과 '잘하는 것'을 기준 삼아 꿈을 계속 떠올리고, 계속 그림을 그려야 합니다.

그렇게 하면 당신의 RAS가 정상적으로 작동하면서 당신의 꿈을 현실로 바꾸어 줄 것입니다.

오타니에겐 존재하지 않는 것, 꿈의 리미터

2021년 7월 13일, 오타니 쇼헤이 선수는 제91회 올스타전에서 아메리칸리그 선발 투수이자 '1번 지명 타자'로서 역대 최초 이도류 출장을 기록했습니다. 타자로서는 2타수 무안타에 그쳤지만, 투수로는 1이닝을 무안타 무실점으로 막아 뉴욕 양키스 다나카 마사히로현 라쿠텐 골든이글스 이후 일본인으로는 두 번째로 승리 투수가 되었습니다. 경기 후 오타니는 다음과 같이 말했습니다.

"다시 하고 싶다는 생각이 드는 멋진 경험이었습니다. 구장에 입장할 때부터, 경기를 시작할 때도, 홈런 더비Home run derby도 그렇고, 이런 분위기는 시즌 중에도 드물어요. 야구를 좋아하는 사람들이 이렇게 많이 모여서 정말 좋은 분위기였다고 생각합니다."

- 《풀 카운트 Full Count 》, 2021년 7월 14일

2021년 시즌 오타니 선수와 홈런왕 경쟁을 벌였던 캔자스 시티 로열스의 포수 살바도르 페레즈 선수는 올스타전에서 오타니의 공을 받은 소감을 다음과 같이 말했습니다.

"이번 무대에서 그의 공을 받을 수 있었다는 것은 내게 있어서는 꿈이 이뤄진 것 같은 일이었다. 그는 지금 최고의 선수이다. 슬라이더도 좋고, 스플리터도 엄청난 낙차가 있었다."

- 《속보 오타니 쇼헤이 이도류 올스타 게임》, 산케이스포츠출판국

오타니 선수는 어떻게 이런 대단한 일들을 이룰 수 있었을까요? 어렸을 때부터 진심으로 '좋아하는 것'과 '잘하는 것'을 기준으로 삼고, 장대한 꿈을 생생하게 그려 가며 오랫동안 노력해 왔기 때문이라고 생각합니다.

당신의 한계를 만드는 것은 사실 당신 자신입니다.

우리의 뇌는 생존을 위한 다양한 리미터●를 가지고 있습니다. 전형적인 예는 '생명의 리미터'입니다. 예컨대 마라톤에 도전할 때 심장에 무리가 와서 멈출 것 같은 위험을 감지하면 다리가 더 이상 움직이지 않게 됩니다. 이것이 바로 '생명의 리미터'입니다. 이 리미터가 없으면 심장이 멈출 때까지 계속 달리게 되어 생명을 잃을 수도 있습니다.

그런데 이러한 원리가 잘못 적용되어 생겨난 리미터도 있습니다. '꿈의 리미터'입니다. 어릴 때 장대한 꿈을 그렸다고 해도, 그걸 주변 사람들에게 이야기하면 "그런 꿈은 절대 실현될 수 없어!"라는 반응이 돌아옵니다. 그러면 대부분의 사람들은 한껏 꾸었던 꿈을 쉽게 포기합니다.

아무리 큰 꿈을 그렸다고 해도 주변 사람들의 의견에 귀를 기울인 뒤 '그래, 그런 꿈이 실현될 리 없지'라고 생각하는 순간, 뇌는 그 꿈을 '이루어야 할 목록'에서 지워버립니다.

오타니 같은 최고의 선수들이 가진 공통점을 하나만 꼽으라고 하면 저는 망설임 없이 "그들에겐 꿈의 리미터가 존재하지 않는다."라고 대답합니다. 누구의 말인지는 알 수 없지만, 저는 "멀리 있는 별을 목표로 하면 비록 거기까지는 가지 못하더라도 멀리 갈 수 있다."는 말을 좋아해서 집 안의 벽에

● 리미터(Limiter)는 전기 장치로, 입력 신호 강도가 설정된 수준을 넘어가면 설정값 이하로 제한하는 기능을 한다.

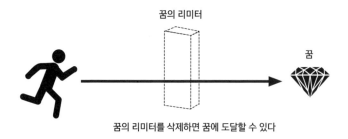

꿈의 리미터를 삭제하면 꿈에 도달할 수 있다

꿈의 리미터를 삭제하지 못하면
아무리 노력해도 꿈에 도달할 수 없다

붙여놓고 있습니다.

자신이 가장 잘할 수 있는 것을 최대한 활용할 수 있는 분야에서, 장대한 꿈을 최대한 구체적으로 그려봅시다.

그리고 "이 꿈에 얼마나 가까이 갈 수 있을지 도전해 보자."라고 스스로를 격려하며 꿈을 향한 첫발을 내딛어 보세요. 그것이야말로 성과를 만드는 가장 강력한 실천입니다.

032

Rule 03

좋아하는 일을 잘하는 일로 만든
오타니식 천직 찾기

오타니 쇼헤이 선수는 어떻게 그토록 눈앞의 일에 몰두할
수 있는 것일까요? 오타니 선수에게 '야구'는 자신이 '좋아하
면서', '잘하는' 일이기 때문입니다.

'천직'을 만난 사람은 행복한 삶을 살 수 있습니다. 어린 나
이에 그것을 찾을 수 있었던 오타니는 행복한 사람입니다.
야구야말로 그에게 있어 '천직'이니까요. 언젠가 오타니는
다음과 같이 말한 적이 있습니다.

"프로가 되기 전에는 이도류를 할 수 있을 거라고는 상상도 못했어요. 하지만 팬들의 응원, 그리고 코치님들과 쿠리야마 감독님이 지도해 주신 덕분에 실현이 가능했습니다. 그랬기에 앞으로도 계속해서 하고 싶다는 강한 마음이 생겼습니다. 저를 위해서 뿐만 아니라 응원해 주시는 모든 분들을 위해서도요."

- 일본 프로 야구에서 메이저리그로 이적하는 심경을 묻는 질문에 대한 답,
《오오타니 쇼헤이 이도류의 궤적大谷翔平 二刀流の軌跡》, 타쓰미출판

제가 '천직의 3요소'라고 부르는 세 가지가 있습니다.

A: 내가 잘하는 일

B: 내가 좋아하는 일

C: 돈이 되는 일

이 세 가지 요소 모두를 만족시키는 것이 당신의 '스위트 스팟'이며, 그것이 당신의 천직이 될 가능성이 높습니다. 저는 이를 '일의 스위트 스팟'이라고 부릅니다.

A와 B 요소가 함께 있는 일은 마음만 먹으면 어렵지 않게

● 스위트 스팟(Sweet spot)은 모든 요소가 잘 어우러져서 투입된 노력 대비 최대의 효과를 낼 수 있는 지점을 뜻한다. 가령 테니스 라켓, 골프 클럽, 야구 배트 등의 스위트 스팟에 맞으면 공이 가장 잘 나가게 된다.

찾을 수 있습니다. 그건 아마도 당신의 취미 속에 분명히 존재하는 요소일 것입니다. 스포츠, 악기 연주, 바둑, 장기 등은 원래 많은 사람들이 취미로 즐겨온 것들입니다. 어느 순간 그 기량을 극한까지 끌어올릴 수 있는 사람에게 보상이 지급되기 시작한 것이죠. 현재는 이 분야에서 엄청난 보상을 받는 사람들도 많이 있습니다.

하지만 이 분야에서 전문적으로 일할 수 있는 사람은 한정되어 있습니다. 나아가 당신이 아무리 '좋아하고' '잘하는' 일이라 해도 보수를 받을 수 있을 정도로 능력을 향상시키는 것은 매우 어렵습니다.

많은 사람들이 C의 '돈이 되는 일'에 쫓기고 있을 것입니다. 그렇다면 C에 해당하는 일을 '좋아하면' 됩니다. 그렇게 되면 자연스럽고 자동적으로 그 일을 '잘하게' 될 것입니다.

열쇳말은 '성장'입니다. 눈앞의 일을 통해 자신이 성장한다면 거기에서 기쁨을 느낄 수 있습니다. 좋아하게 되면 내용이 무엇이든 반드시 그 일을 잘하게 됩니다.

자신이 하는 일을 좋아하게 되면 일에 더욱 몰두할 수 있고, 틀림없이 잘하는 일로 바뀌는 것이지요.

그렇게 되면 필연적으로 일에 대한 보수도 늘어나게 됩니다. 뿐만 아니라 조직에 속해 있다면 직함이나 재량권 등의 보상도 받을 수 있습니다.

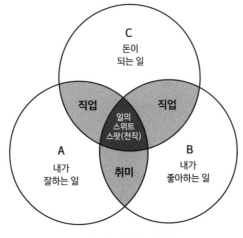

나에게 맞는 '일의 스위트 스팟'을 찾자

C
돈이
되는 일

직업

직업

일의
스위트
스팟(천직)

A
내가
잘하는 일

취미

B
내가
좋아하는 일

A와 B의 교집합 = 취미
A와 B와 C의 교집합 = 천직

토드 로즈·오기 오가스 공저, 《다크 호스(Dark Horse)》를 참고하여 작성

　당신에게 맞는 '일의 스위트 스팟'을 진지하게 찾아보시기 바랍니다. 그것을 찾을 수 있다면 당장 더 충만감 있는 삶을 살 수 있게 되고, 멀지 않은 미래에 놀라운 성과를 이루게 될 것입니다.

발전시키지 않는 재능은
천재에게도 쓰레기다

'좋아하는 것'과 '잘하는 것'을 살려내는 과정을 통해, 우리는 만족감과 행복감을 얻을 수 있습니다.

20세기는 '부'와 '직함'을 얻어 만족감과 행복감을 얻을 수 있는 시대였습니다. 그러나 그것은 '거짓된 만족감과 행복감을 채워주는 것'에 불과합니다.

제 자신의 경험을 들어보면, 교토 대학을 졸업하고 10년간 직장 생활을 하다가 미국으로 유학을 다녀왔고, 그 후 프로 테니스 코치로 일했습니다. 그리고 테니스 클럽 및 학원

다섯 곳을 운영하면서 현장에서 테니스 지도를 했습니다.

그 뒤 체육대학의 교수가 되었습니다. 교편을 잡는 동시에 250여 권의 저서를 집필하고 1000회 이상 강연하는 강사로 활동했습니다.

이렇게 사회인으로서의 삶을 되돌아보면, 저는 그야말로 '좋아하는 것'과 '잘하는 것'을 일로 삼아 행복한 삶을 살아왔다고 생각합니다.

많은 사람들이 "오타니 쇼헤이 같은 극소수의 사람들은 엄청난 재능을 타고 난 사람이고, 그 재능이 그들을 큰 성공으로 이끌고 있다. 그들은 우리 같은 사람들이 도저히 흉내낼 수 없는 특별한 인간이다."라고 생각합니다.

그러나 그것은 명백히 잘못된 생각입니다.

모든 사람들은 엄청난 잠재력을 가지고 이 세상에 태어납니다. 다만, 안타깝게도 많은 사람들이 그 잠재력을 미처 깨닫지 못한 채 이 세상과 이별을 고하고 있는 것입니다.

오타니 선수는 '야구'라는 분야에서 '좋아하는 것'과 '잘하는 것'의 힘을 마음껏 발휘했기 때문에 일류 선수의 반열에 오를 수 있었습니다. 정도의 차이는 있지만, 우리도 '좋아하는 것'과 '잘하는 것'을 기준 삼아 자신의 무기를 발견하고, 그 무기에 인생의 시간을 충분히 쏟아 부어 단련을 거듭하면 누구에게나 주목 받는 사람이 될 수 있습니다.

오타니 쇼헤이라는 인물이 왜 높게 평가받는지는 두말할 필요도 없습니다. 그의 외모나 말투, 행동은 훌륭합니다. 하지만 무엇보다도 주특기인 '야구'가 그를 돋보이게 하는 것입니다. 우리가 평가받는 것은 두 번째 재능이 아니라 첫 번째 재능입니다.

우리가 가진 시간은 한정되어 있습니다. '인생'이라는 제한된 시간 안에서 '좋아하는 것'과 '잘하는 것'을 활용하여 무기로 삼을 분야는 단 하나로 충분합니다.

다음은 제가 좋아하는 오타니 선수의 말입니다.

"제가 생각하고 있는 문제는 항상 간단해요. 내 자신을 어디까지 발전시킬 수 있는지. 그거 말고는 관심이 없어요."

- 《오타니 쇼헤이 야구 소년 일본편大谷翔平 野球翔年 l 日本編 2013~2018》, 문예춘추

만약 당신이 '특별한 사람만이 대단한 재능을 가지고 있다'고 생각한다면, 지금 당장 생각을 바꾸시기 바랍니다.

정답은 '누구나 굉장한 재능을 가지고 있다'입니다. 괄목할 만한 업적을 이루지 못했다면 그건 자신의 재능을 모르고 있거나, 알고 있어도 그것을 키우려는 노력을 게을리하고 있거나, 둘 중 하나입니다.

다음 페이지에 '천직 찾기 체크 리스트'가 있습니다. 이 질문들에 답하고 지금 바로 239페이지의 평가표로 점수를 매겨 보세요. 천직을 찾기 위한 당신의 능력을 알아챌 수 있을 것입니다.

지금 당장 자신이 '좋아하고' '잘하는' 잠재력을 찾아내어 그것을 향상시키는 훈련을 시작하십시오.

일류가 되기 위해서는 그 길밖에 없습니다.

천직 찾기 체크 리스트

날짜 20 년 월 일

다음 질문을 읽고 자신이 느끼는 정도에 따라 '매우 그렇다'(5)와 '매우 아니다'(1) 사이의 가장 적절한 숫자에 동그라미(○)로 표시해 주세요.

예 아니오

01	나는 나의 무기를 알고 있다	5	4	3	2	1
02	나는 나의 무기를 다듬기 위해 노력하고 있다	5	4	3	2	1
03	나는 내가 무엇을 좋아하는지 알고 있다	5	4	3	2	1
04	나는 지금의 일을 좋아한다	5	4	3	2	1
05	나는 미래에 하고 싶은 일이 있다	5	4	3	2	1
06	나는 항상 현재의 일을 포함하여 천직을 찾고 있다	5	4	3	2	1
07	나의 취미가 직업이 될 수 있다	5	4	3	2	1
08	나는 모든 일에 호기심이 많다	5	4	3	2	1
09	나는 이직에 대해 의견을 교환하는 친구가 있다	5	4	3	2	1
10	나의 직업은 AI로 대체될 수 없다고 생각한다	5	4	3	2	1
11	나는 좋아하는 것과 싫어하는 것이 분명하다	5	4	3	2	1
12	나는 오래 지속해 온 취미가 있다	5	4	3	2	1
13	나는 도전 정신이 강하다	5	4	3	2	1
14	나는 '일류'로 불리는 사람들이 쓴 책, 또는 그들에 관한 책을 좋아한다	5	4	3	2	1
15	나의 현재 직업은 아무나 할 수 있는 일이 아니다	5	4	3	2	1
16	나는 한 분야의 전문가라는 의식이 있다	5	4	3	2	1
17	나는 천직에 대해 자주 생각한다	5	4	3	2	1
18	나는 남들과 다른 길을 걷고 싶다	5	4	3	2	1
19	나는 독립심이 강한 사람이다	5	4	3	2	1
20	나는 모든 것을 스스로 결정해야 직성이 풀린다	5	4	3	2	1

합계 ( )( )( )( )( )

총점 ( )

일류는 행동하는 것 자체를
성공으로 만든다

'좋아하는 것'과 '잘하는 것'을 기준 삼아 자신의 인생을 성공으로 이끌고 싶다면, 스스로 결정해야 합니다. 언뜻 보면 행운은 통제할 수 없는 것처럼 느껴집니다. 하지만 사실은 그렇지 않습니다. 사물을 바라보는 시각을 바꾸는 것만으로도 운은 점점 좋아집니다.

사실 우리는 결단을 내리지 않아도 살아갈 수 있습니다. 그냥 세상의 흐름에 몸을 맡기고 삶을 마감할 수도 있습니다. 이것은 매우 편한 삶의 방식입니다.

하지만 성취감이나 만족감이라는 측면에서 보면 이런 삶으로는 도저히 자신을 납득시킬 수 없습니다.

오타니 선수가 닛폰햄 파이터스에 입단한 후 당시 감독이던 쿠리야마 히데키가 다음과 같은 이야기를 했습니다.

"이도류가 좋은지 나쁜지 그건 아직 알 수 없지만, 다만 '다른 방법이 있다'는 것을 쇼헤이는 틀림없이 보여주었습니다. 이도류는 모두에게 야구의 재미, 그 폭을 느끼게 하는 재료라고 생각합니다. 야구가 크게 변화해야 하는 지금 시기에 쇼헤이는 정말 신이 보내주신 인간이라고 생각하는 순간이 많았습니다."

-《길을 열어 바다를 건너는 오타니 쇼헤이의 맨얼굴 道ひらく、海わたる 大谷翔平の素顔》, 후소샤

오타니 선수처럼 '일류'인 사람들의 공통점은 좋아하는 것과 잘하는 것을 기준 삼아 '스스로 결정하고, 그 결정을 실제 행동으로 옮기는 것'입니다. 결과는 중요하지 않습니다.

오타니 선수에게는 '좋아하는 것'과 '잘하는 것'이 동기 부여의 원천이 되기 때문에 결과가 어떻게 되든 행동 자체가 쾌감이 됩니다. 그래서 잘 되든 안 되든 후회하는 일은 없습니다.

머릿속에서 바로 '이건 안 돼'라고 판단하고 행동으로 옮기지 않는 사람들은 자신이 현명한 선택을 했다고 생각할 수도 있습니다. 하지만 오타니 선수처럼 '행동하는 것 자체가 성공'이라고 생각하는 사람에게는 그런 선택은 현명하기는커녕 아무런 의미가 없습니다. 그저 겁쟁이의 선택일 뿐입니다.

나아가 그런 삶의 방식으로는 '살아 있다'는 느낌은 도저히 얻을 수 없습니다. '좋아하는 것'과 '잘하는 것'을 무기로 자신의 꿈을 이룰 때까지 절대 포기하지 않고 도전하는 것이 성공하기 위한 유일한 수단입니다.

설령 인생을 마칠 때까지 그 꿈을 이루지 못하더라도 도전하는 과정 자체를 즐길 수 있는 사람은 행복한 사람입니다.

즉 잘된 '결과'에서 쾌감을 얻는 것이 아니라 그 '과정'에서 쾌감을 느낄 수 있다면, 진정 한 사람의 몫을 했다고 할 수 있습니다.

저는 인생이 식사와 비슷하다고 생각합니다. 식사의 목적은 식사를 끝내는 것이 아니라 식사하는 시간을 즐기는 것입니다. 슬프게도 인생에서 꿈을 이루는 것에서만 의미를 찾고, 그 과정에서 의미를 찾지 못하는 사람들이 얼마나 많은가요.

맛있는 음식을 먹고 난 후의 만족감도 중요하지만, 식사를 마칠 때까지의 시간을 즐기는 것이 그보다 몇 배나 더 중요하다는 이치를 자신의 인생에도 적용해야 합니다.

다음 페이지에는 '좋아하고 잘하는 일 찾기 체크 리스트'가 있습니다. 생각나는 대로 자신이 좋아하는 것과 잘하는 것을 기입해 보세요. 그리고 체크 리스트 하단에 있는 네 개의 질문에 답해서 그 점수를 ①~④에 기입하고 총점을 구해 보세요. 15점 이상을 받으면 그 일은 당신의 천직이 될 가능성이 있습니다.

"내 인생은 내가 만든다!" 지금 당장 그렇게 선언하고 자신이 만족하는 인생의 첫걸음을 내딛어 보세요. 그러면 점점 더 많은 행운이 찾아올 것입니다.

날짜 20 년 월 일

자신이 좋아하고 잘할 수 있는 일을 생각나는 대로 아래 칸에 적어주세요.
15점 이상이면 천직이 될 가능성이 있습니다.

	좋아하고 잘하는 분야	①	②	③	④	점수 합계
01						
02						
03						
04						
05						
06						
07						
08						
09						
10						

① 이것은 당신이 좋아하는 일입니까?
② 이것은 당신이 잘하는 일입니까?
③ 이것은 직업으로 할 필요가 있습니까?
④ 이것은 직업으로 해보고 싶습니까?

매우 그렇다	5점
꽤 그렇다	4점
그저 그렇다	3점
그다지 아니다	2점
매우 아니다	1점

오타니도 일류가 되기까지
12년이 걸렸다

'좋아하는 것'과 '잘하는 것'을 기준 삼아 꿈을 이룬다.

이 말을 한시도 잊어서는 안 됩니다. 자신의 강점은 오직 자신만이 알고 있습니다. 당신의 강점은 결국 당신밖에 알 수 없습니다.

나의 강점을 스스로 발견하고, 그에 따른 선택을 한 후에는 누가 뭐라고 하든지 그것을 내 일의 무기로 삼아봅시다. 나아가 오타니 쇼헤이 선수처럼 탁월한 경지까지 끌어올려 봅시다.

미래는 누구도 알 수 없습니다. 하지만 단 한 번뿐인 인생을 자신의 강점에 걸고, 그것을 일에 활용한다면 인생을 마칠 때 절대 후회하지 않을 것입니다.

물론 자신만의 무기를 익히기 위해서는 말도 못할 정도로 많은 시간을 투자해야 합니다. 길은 멀고, 목표도 멉니다. 각오가 필요합니다.

노스웨스턴 대학의 교육심리학자 벤자민 블룸 박사는 피아니스트, 조각가, 올림픽 선수, 수학자 등 세계적인 명성을 얻고 있는 사람들을 대상으로 조사를 했습니다. 그리고 그들이 각자의 분야에서 첫발을 내딛고 일류가 되기까지 10~17년 정도가 걸렸다는 결론을 얻었습니다.

오타니 선수가 본격적으로 야구를 시작한 것은 초등학교 3학년이 되기 직전의 봄이었다고 합니다. 그리고 일류 선수의 대열에 든 것은 고등학교를 졸업하고 닛폰햄 파이터스에 입단한 2년 차, 즉 투수로 11승, 타자로 10개의 홈런을 쳤던 2014년 시즌이 아닌가 합니다. 야구를 시작한 후 12년 뒤였습니다.

'잘 못하는 것'을 고치려고 시간을 들이는 것은 누구나 싫어하는 일이지만, '잘하는 것'에 몰두하는 것은 당신도 할 수 있는 일이라고 생각합니다.

저 역시 제 인생의 많은 시간을 나만의 무기를 철저하게 연마하는 데에 쏟아 부었습니다. 지금 돌이켜 보아도 그 일을 전혀 후회하지 않습니다. 오히려 첫 번째 책을 집필했던 25년 전보다 지금 컴퓨터와 씨름하며 글쓰기에 몰두하는 시간이 더 즐겁습니다. 단순하지만 나만의 무기를 갈고 닦는다면 아무리 재미없어 보이는 작업도 재미있어집니다.

물론 저에게도 약점이 있습니다. 테니스는 잘하지만 수영은 잘 못합니다. 50미터 달리기 역시 반 대표로 나온 초등학교 4학년생을 따라잡기 힘들 겁니다. 비행기를 타는 것도 저에게는 고역이고, 놀이공원에서 롤러코스터를 타는 것도 싫어합니다. 못 먹는 음식도 많은 편입니다.

그러나 저는 한 번도 제 약점을 후회한 적이 없습니다.

오타니 선수는 잡지 인터뷰에서 자신의 약점에 대해 유머를 섞어가며 다음과 같이 말했습니다.

"약점? 글쎄요…, 엄청 많죠웃음. 뭐랄까, 저 혼자 있으면 아무것도 못해요. 특히 미국에서는 혼자서 아무것도 못해요. 작년에 운전면허는 간신히 땄지만 그전까지는 운전도 못했고, 혼자서 할 수 없는 게 꽤 많네요. 최소한으로 살아가는 정도는 할 수 있을 것 같지만웃음, 혼자 있는 건 불편하구나 하는 생각이 많이 듭니다."

- 《넘버웹 Number web 2021년 9월 24일》, 문예춘추

다음 페이지에 '나의 무기'를 깨닫기 위한 체크 리스트가 있습니다. 리스트를 작성한 후 239페이지의 평가표로 평가해 보세요.

나의 '무기'와 '약점'을 안다면, 절대 후회하지 않는 삶을 살수 있을 것입니다.

날짜 20   년   월   일

다음 질문을 읽고 자신이 느끼는 정도에 따라 '매우 그렇다'(5)와 '매우 아니다'(1) 사이의 가장 적절한 숫자에 동그라미(○)로 표시해 주세요.

01 나는 나의 무기를 잘 알고 있다   5 4 3 2 1

02 나는 항상 자신감 넘치는 표정과 태도를 잃지 않는다   5 4 3 2 1

03 나는 어떤 일이든 몰두하는 타입이다   5 4 3 2 1

04 나에게는 약점이 있지만 전혀 신경 쓰지 않는다   5 4 3 2 1

05 나는 성장과 진화에 대한 욕심이 많다   5 4 3 2 1

06 나는 앞으로의 시대에 살아남을 수 있다   5 4 3 2 1

07 나는 매우 끈질긴 성격이다   5 4 3 2 1

08 나는 남다른 노력가이다   5 4 3 2 1

09 나는 머리로 생각하기보다 행동을 우선시하는 타입이다 5 4 3 2 1

10 현재 나의 학습이나 업무에 나의 강점이 반영되어 있다 5 4 3 2 1

11 나는 주변 사람들의 의견에 쉽게 휘둘리지 않는다   5 4 3 2 1

12 나는 호불호가 심한 사람이다   5 4 3 2 1

13 나는 남과 비교하는 것보다 나 자신을 뛰어넘는 것에서
    보람을 느낀다   5 4 3 2 1

14 나는 본래 창의력이 풍부한 사람이다   5 4 3 2 1

15 나는 나의 사명에 따라 살아간다   5 4 3 2 1

합계 (   )(   )(   )(   )(   )

총점 (   )

일류가 되는 것보다
'좋은 플레이'에 집중하다

당신은 자신의 무기를 인식하고 그것을 높이기 위해 노력하고 있습니까? 당신이 현재 학생이든 직장인이든, 혹은 조직에서 일하든 프리랜서든, 앞으로의 시대는 자신의 특기를 철저히 어필하고 그 기술을 극한까지 끌어올리는 노력이 필요합니다.

오타니 선수만큼 이것에 집착하는 운동선수는 찾아볼 수 없습니다. 오타니 선수의 자질에 대해 닛폰햄 파이터스 감독이었던 쿠리야마 히데키는 다음과 같이 말했습니다.

"2017년 11월 11일 기자회견에서 쇼헤이는 자신의 가장 큰 특징이 '내가 이렇게 하겠다고 결심하면 끝까지 해내는 힘과 인내심'이라고 말했어요. 정말 그 말이 맞아요, 그 녀석은 이렇게 하겠다고 마음먹으면 할 수 있을 때까지 반드시 해냅니다. 그 자세를 보고 저는 쇼헤이가 이도류를 반드시 해내겠구나 하고 생각했습니다."

- 《길을 열어 바다를 건너는 오타니 쇼헤이의 맨얼굴》, 후소샤

여기서 제가 좋아하는 이야기를 해보겠습니다. 나무꾼 두 명이 통나무 자르기 시합을 했습니다. 두 사람이 나무를 자르는 능력, 두 사람에게 주어진 통나무, 그리고 톱의 성능은 똑같습니다. 제한 시간은 1시간.

"시작!" 소리와 함께 나무꾼 A는 전력을 다해 나무를 자르기 시작했고, 한 시간 후 그는 네 개의 통나무를 자르는 데 성공합니다.

나무꾼 B는 처음 20분 동안은 나무를 자르지 않고 다른 일을 합니다. 20분이 지나서야 그는 나무를 자르는 작업에 착수합니다. 그리고 남은 40분 동안 무려 여덟 개의 통나무를 잘라내는 데 성공했습니다. 그는 처음 20분 동안 무엇을 한 걸까요?

정답은 '톱날을 갈았다'입니다.

혹시 바쁘다는 핑계를 대며 녹슨 톱으로 나무를 자르고

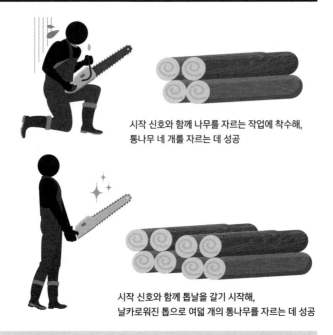

두 나무꾼의 명암이 갈린 이유는?

시작 신호와 함께 나무를 자르는 작업에 착수해,
통나무 네 개를 자르는 데 성공

시작 신호와 함께 톱날을 갈기 시작해,
날카로워진 톱으로 여덟 개의 통나무를 자르는 데 성공

눈앞에 있는 것에 너무 집착하지 말자. '내가 가진 오리지널 무기'를 연마하는 데 집중
하면 결과는 따라온다.

있지는 않나요? 눈앞의 일상에 매몰되어 당신의 '특기'가 녹
슬도록 놔둬서는 안 됩니다. 그저 눈앞의 일만 열심히 하는
것으로는 성장할 수 없습니다.

평소에 오타니 선수처럼 자신의 무기를 확실히 머리에 새

기고, 무엇보다 자신의 무기를 연마하는 시간을 최우선적으로 확보합시다. 이에 대해 오타니 선수는 다음과 같이 말했습니다.

"야구를 시작할 때부터 일류 투수가 되겠다거나 일류 타자가 되겠다는 생각을 항상 해왔던 것은 아니에요. 좋은 타격을 하고 싶다, 좋은 투구를 하고 싶다, 늘 같은 걸 바라왔죠."

- 《오오타니 쇼헤이 이도류의 궤적》, 타쓰미출판

일이라는 것은 단 한 번뿐인 인생에서 가장 많은 시간을 차지하는 것입니다. 눈앞에 일이 있다는 것에 감사하고, 다시 한번 그 일을 되돌아보면서 스스로에게 다음과 같은 질문을 던져봅시다.

왜 지금 이 일이 존재하는가?

내가 이 일을 함으로써 얻는 보상은 어디에서 오는가?

이 일이 나에게 요구하는 가장 큰 기술은 무엇인가?

나의 가장 큰 무기를 철저히 다듬는 데 전력을 다해야 합니다. 제대로 된 무기가 없다면 기회가 온다고 해도 할 수 있는 일이 없을 것입니다.

천재도 원하는 것을
그냥 얻지 않는다

오타니 쇼헤이 선수가 바라는 것은 본인이 '좋아하는 것'이면서 동시에 '잘하는 것'입니다. 다시 말해, 그는 원하는 것을 얻어낸 것입니다.

원하는 것을 얻는 방법은 사실 간단합니다. 항상 내가 원하는 것을 상상하면 됩니다. 단, 어중간하면 안 됩니다. 이미 원하는 것을 손에 넣은 모습을 머릿속에 리얼하게 그려서 뇌에 새겨 넣을 필요가 있습니다.

닛폰햄 파이터스 시절, 오타니 선수는 이렇게 말했습니다.

"목표를 갖는 것이 중요해요. 내가 어떤 선수가 될 것인지는 스스로 정하는 것입니다. 어떤 선수가 되고 싶으냐고 묻는다면, 매일 시합에 나가서 중요한 때에 때릴 수 있는 선수, 맡은 경기에선 지지 않는 공을 던지는 선수라고 답하겠습니다. 팀의 기둥으로서 열심히 하는 선수를 상상하는 것은 매우 중요한 일이라 생각합니다."

- 《오타니 쇼헤이 야구 소년! 일본편 2013~2018》, 문예춘추

뇌는 본래 언어보다 이미지를 기억하는 데 능숙합니다.

어린 시절 오타니 선수의 뇌 속에는 일본 프로 야구뿐 아니라 메이저리그에서 이도류로 활약하는 미래의 자화상이 선명하게 그려져 있었습니다. 오타니 선수의 강한 의지가 그의 뇌 안에 선명한 미래상을 그려서 꿈을 실현시켜 준 것입니다.

여러분도 지금 당장 원하는 것을 이미지로 만들어 뇌에 입력하는 작업을 반복해 보세요. 원하는 것을 그림으로 그리거나 사진으로 만들어서 자주 보세요.

예를 들어, 내가 원하는 자동차가 있다면 그 자동차를 스마트폰으로 찍거나 사진을 가방이나 주머니에 넣어두고 하루에 최소 열 번 이상 보는 겁니다. 동시에 사진을 볼 때마다 '반드시 이 차를 손에 넣겠다'고 마음속으로 되뇌기 바랍니다.

저는 현재 토너먼트에서 활약하는 프로 골퍼 여섯 명의 심리 상담을 지원하고 있습니다. 저는 종종 그들에게 원하는 게 무엇이냐고 물어봅니다. 그들은 입을 모아 '우승'이라고 답합니다.

그런 그들에게 저는 '우승컵을 높이 들어 올리는 장면'을 매번 떠올리면서 연습을 거듭하는 것이 중요하다고 강조합니다. 그리고 그런 습관을 몸에 익힌 투어 프로 두 명이 실제로 1년 안에 토너먼트 우승컵을 거머쥘 수 있었습니다.

뇌에 강렬하게 각인된 꿈은 자연히 올바른 노력을 쌓게 하고, 결국 그 꿈은 실현됩니다. 반대로 아무리 노력해도 구체적으로 그려지지 않은 꿈은 헛수고로 끝날 수밖에 없는 운명입니다.

오타니는 LA 에인절스에서 메이저리거가 된 초기에 다음과 같이 말했습니다.

"할 수 있는 데까지 능력을 키워서 에인절스가 월드 시리즈에서 우승하는 것이 지금 내가 보고 있는 가장 높은 곳이 아닐까 생각합니다."

　　　　　　- 《오타니 쇼헤이 야구 소년 일본편 2013~2018》, 문예춘추

당신이 그리는 꿈 이상의 꿈을 실현하는 것은 결코 불가능합니다. '좋아하는 것'과 '잘하는 것'을 무기로 삼아 장대한 꿈을 실현하기 위해 노력을 쌓아가세요. 그것이야말로 꿈을 실현하는 가장 강력한 방법입니다.

다음 페이지에 '꿈에 대한 행동력 체크 리스트'가 있습니다. 꿈을 말과 그림으로 표현하고 '달성 기한'을 설정합시다. 그리고 이 리스트를 자주 보는 습관을 들여 '진행 상황'을 주기적으로 체크합시다. 어느새 꿈에 점점 가까워지는 자신을 발견할 수 있을 것입니다.

꿈에 대한 행동력 체크 리스트

실현하고 싶은 꿈을 적어주세요. 꿈을 적었으면 이 용지를 복사하여 주기적으로 '코멘트 한마디'와 '진행 상황'을 기입해 주세요.

① 꿈을 말로 표현해 봅시다	꿈을 그림으로 표현해 봅시다	코멘트 한마디
		달성 기한 20 년 월 일
		달성일 20 년 월 일
		달성률 %

② 꿈을 말로 표현해 봅시다	꿈을 그림으로 표현해 봅시다	코멘트 한마디
		달성 기한 20 년 월 일
		달성일 20 년 월 일
		달성률 %

③ 꿈을 말로 표현해 봅시다	꿈을 그림으로 표현해 봅시다	코멘트 한마디
		달성 기한 20 년 월 일
		달성일 20 년 월 일
		달성률 %

④ 꿈을 말로 표현해 봅시다	꿈을 그림으로 표현해 봅시다	코멘트 한마디
		달성 기한 20 년 월 일
		달성일 20 년 월 일
		달성률 %

⑤ 꿈을 말로 표현해 봅시다	꿈을 그림으로 표현해 봅시다	코멘트 한마디
		달성 기한 20 년 월 일
		달성일 20 년 월 일
		달성률 %

반성	

오타니처럼 해내기

죽을 것 같아도
끝까지 포기하지 않는다

압박감을 뚫고
승리를 반복하는 감각을 익히다

오타니 쇼헤이 선수가 결코 잊을 수 없는 경기가 있습니다. 닛폰햄 파이터스 시절인 2016년 9월 28일 세이부 라이온스와의 경기입니다.

이날 파이터스는 매직 넘버1˙ 상태에서 원정 경기로 라이온스와 맞붙었습니다. 오타니는 엿새 만에 선발 등판해 4회

˙ 스포츠 경기에서 '우승 매직 넘버'는 1위 팀이 자력으로 우승을 확정하기 위해 필요한 승리 수를 뜻한다. '매직 넘버1'은 1위 팀이 한 경기만 더 이기면 우승이 확정된다는 뜻이다. 이렇게 되면 2위 팀은 남은 경기를 모두 이겨도 시즌 1위가 될 수 없다.

초 1득점을 지켜내면서 1안타 무실점 완봉승을 거두어 팀의 우승을 확정 지었고, 생애 처음으로 헹가래를 받는 투수가 됐습니다. 쿠리야마 히데키 당시 감독은 이 시합에 대해 다음과 같이 말했습니다.

"이기기 위해, 그리고 우승을 위해 모든 것을 던져 넣는 상황에서 쇼헤이가 성과를 남긴 그 경기는 매우 감동적이었습니다."

- 《길을 열어 바다를 건너는 오타니 쇼헤이의 맨얼굴》, 후소샤

오타니 선수는 이 경기에 대해 어떻게 말했을까요?

"우승을 결정짓는 경기에서 제가 던지고 싶다고 생각했어요. 올 거면 와줬으면 좋겠다고 생각했죠. 상대 선발이 기쿠치 유세이 선수였고, 등판이 오지 않았으면 하는 마음도 조금은 있었지만, 당일엔 이제 '결정하자'라는 느낌이었어요."

- 《길을 열어 바다를 건너는 오타니 쇼헤이의 맨얼굴》, 후소샤

이날 오타니 선수는 '존'•을 만날 수 있었습니다. 시즌을

• '존(Zone)에 들어간다'는 표현은 일본에서 사용하는 스포츠 용어이다. 집중력이 극도로 높아져서 주변의 풍경이나 소리가 전혀 보이거나 들리지 않고, 플레이에 집중하는 의식 상태를 일컫는다.

통틀어 가장 압박감이 있는 상황에서 최고의 퍼포먼스를 발휘한 것입니다. 이것이 바로 일류 선수들의 공통점입니다.

'존'은 스포츠 심리학의 세계에서도 여전히 신비로운 주제 중 하나입니다. 운동선수에게 '존'이란 다음과 같은 현상이 일어나는 것을 의미합니다.

- 재미있고 플레이가 잘 된다.
- 다음에 무슨 일이 일어날지 완벽하게 예측할 수 있다는 느낌이 든다.
- 최고로 쾌적한 심리 상태를 유지하며 플레이할 수 있다.
- 구름 위에 있는 것 같은 몽롱한 느낌이 든다.
- 당시의 내 플레이가 잘 기억나지 않는다.

당신도 일이 생각보다 잘 풀리고 좋은 일이 연달아 일어나는 날이 1년에 몇 번은 있을 겁니다. 바로 그날 당신의 '존', 즉 최고의 순간을 만났다고 할 수 있습니다.

이 분야의 세계적 권위자인 찰스 가필드 박사는 '존'에 대해 다음과 같이 말합니다.

"운동선수들은 성공의 가능성을 가지고 있다. 일상생활은 어디론가 사라져 버리고, 선수들은 마치 자동 조종 스위치가 눌린 것처럼

'그 순간'을 완벽하게 연기하기 시작한다. 선수들은 그 시점의 모든 것에 집중한다. 집중력은 매우 강하고, 행동은 일어나기 전에 예상할 수 있다. … 선수는 모든 감각으로 자신이 몰두하고 있는 행동에 완전히 집중하게 되고, 결국 감각과 행동은 하나가 된다."

- 《피크 퍼포먼스ピ クパフォ マンス》, 베이스볼 매거진사

2021년 시즌에 오타니는 여러 차례 '존'을 만났기 때문에 투수로는 9승, 타자로는 46홈런이라는 위대한 기록을 달성할 수 있었습니다.

다음 페이지에 '존 감각 체크 리스트'가 있습니다. 이 리스트를 활용하는 것만으로도 당신에게 더 자주 '존'이 찾아올 수 있습니다. 질문에 답하고 그 합계를 내어 239페이지의 표로 평가해 보시기 바랍니다.

날짜 20   년   월   일

놀라울 정도로 잘 풀렸던 날(최고의 순간 경험)을 떠올리며 적어보세요.

최고의 순간을 경험한 날에 대한 메모.

20 년 월 일	날씨	기온 도

그날 일어난 일에 대해 아래에 적어보세요.

다음 질문을 읽고 자신이 느끼는 정도에 따라 '매우 그렇다'(5)와 '매우 아니다'(1) 사이의 가장 적절한 숫자에 동그라미(○)로 표시해 주세요.

		▼ 예			▼ 아니오	
01	과거 최고의 순간을 재현하는 것을 좋아한다	5	4	3	2	1
02	과거에 여러 번 '존'을 맛본 적이 있다	5	4	3	2	1
03	일을 할 수 있는 환경을 만드는 데 만전을 기한다	5	4	3	2	1
04	현재의 일에 만족한다	5	4	3	2	1
05	일이나 취미에서 시간을 잊고 몰두하는 경우가 많다	5	4	3	2	1
06	단조로운 작업의 반복적인 연습을 지속할 수 있다	5	4	3	2	1
07	사소한 차이를 민감하게 감지할 수 있다	5	4	3	2	1
08	논리보다 감성을 우선시한다	5	4	3	2	1
09	사실을 있는 그대로 받아들이고 최선을 다할 수 있다	5	4	3	2	1
10	명상이나 요가에 관심을 갖고 몰두하고 있다	5	4	3	2	1

역대급 목표는
'최고의 나'를 뛰어넘는 것

우리가 오타니 쇼헤이 선수처럼 '누구도 흉내 낼 수 없는 놀라운 퍼포먼스'를 발휘하는 건 불가능할지도 모릅니다. 하지만 '최고의 자신'이 되는 것이라면 가능합니다. '세계 최고를 목표로 하는 것'이 아니라 '나의 사상 최고'를 목표로 삼는 것이 중요합니다.

닛폰햄 파이터스 시절 오타니 선수의 이야기입니다.

"항상 결과를 원합니다. 1년 차 때부터 그랬어요. 하지만 그렇다고

해서 '성과를 남기지 않으면 안 된다' 하는 압박감을 받은 건 아니었습니다. 저는 피칭을 해도 배팅을 해도 스스로의 모습을 얼마나 높은 수준까지 올릴 수 있을까 하는 것에 흥미가 있었을 뿐이어서….”

－《오타니 쇼헤이 야구 소년! 일본편 2013~2018》, 문예춘추

다른 사람과 비교하는 것 따위는 그만두고, '좋아하는 것'과 '잘하는 것'을 추구하면서 '나의 사상 최고'를 목표로 삼고 단련해 나가야 합니다.

당신은 '오타니 선수가 뛰어난 야구 재능이 있었기 때문에 일류 메이저리거가 될 수 있었다'고 생각할지도 모릅니다. 하지만 그 말은 반은 맞고 반은 틀렸습니다.

물론 오타니에게 야구에 대한 재능이 없었다면 메이저리거는커녕 프로 야구 선수도 될 수 없었겠죠. 그건 맞는 말입니다.

하지만 반이 틀렸다고 하는 이유는, 재능만으로는 진정한 일류가 될 수 없기 때문입니다. 무엇보다 피를 말리는 오랜 기간의 단련이 있었기에 오타니는 꿈을 이룰 수 있었습니다.

프로 야구에서는 매년 드래프트 회의가 열리고, 열두 명이 각 팀에 1순위로 입단합니다.＊ 이들 가운데 진정으로 성공하는 사람은 몇 명이나 될까요? 통계의 방식에 따라 다르겠지만, 제 분석으로는 1군 주전으로 계속 경기에 출전할

수 있는 선수는 기껏해야 5명 중 1명 정도입니다. 부상 등 여러 사정이 있겠지만, '드래프트 1순위'로 시작한 선수들도 그렇다는 것입니다.

또, 너무 많은 재능을 타고난 탓에 노력을 게을리해 두각을 나타내지 못하고 사라져 버린 선수들의 숫자도 헤아릴 수 없이 많습니다. 베스트셀러《그릿GRIT》을 저술한 심리학자 앤절라 더크워스 박사는 재능, 노력, 성취의 관계를 다음과 같은 방정식으로 표현했습니다.

재능 × 노력의 제곱 = 달성

더크워스 박사는 '재능은 노력에 의해 스킬이 올라가는 속도', '달성은 스킬을 활용함으로써 얻는 성과'라고 정의하고 있습니다. 즉, 재능보다 노력이 달성에 기여하는 정도가 더 크다는 것입니다. 더크워스 박사는 다음과 같이 말했습니다.

"나의 계산이 대략 맞는다면, 재능이 다른 사람의 두 배라 하더라도 다른 사람보다 노력을 절반밖에 하지 않는 사람은, 설령 스킬이

● 드래프트(Draft)는 프로 스포츠 리그에서 신인 선수를 선발하는 방식으로, 새로 들어오는 모든 선수를 모아놓고 구단이 정해진 순서대로 돌아가면서 선수를 뽑는 방식으로 진행된다. 일본 프로 야구팀은 열두 개이므로 해마다 각 구단에 드래프트 1순위로 입단하는 신인 선수는 모두 열두 명이다.

엇비슷하다 해도, 오랜 시간이 지나면 노력가 타입인 사람에게 압도적인 차로 뒤처질 것이다. 왜냐하면 노력가는 스킬을 점차 연마할 뿐 아니라 그 기술을 살려서 정력적으로 항아리를 만든다던가, 책을 쓴다던가, 영화를 만든다던가, 콘서트를 연다던가 하기 때문이다. 중요한 것은 스킬 자체가 아니라 항아리나 책, 영화, 콘서트의 '질'과 '양'이라고 한다면, 노력가 쪽이 노력하지 않는 천재보다 더 큰 성과를 내는 법이다."

- 앤절라 더크워스, 《그릿》

'좋아하는 것'과 '잘하는 것'을 에너지원으로 삼고 오로지 눈앞에 있는 일에 몰두하는 자세가 당신을 일류로 만들어 줄 것입니다.

다음 페이지에 더크워스 박사가 개발한 '성장 사고 이론'의 모형도가 있습니다. '성장 사고'를 익히는 것만으로도 당신은 오타니 선수처럼 강인하게 성장할 수 있습니다.

성장 사고 이론

성장 사고	→	낙관적으로 생각할 수 있음	→	역경에서도 끈질기게 노력할 수 있음

'성장 사고', '끝까지 해내는 힘'을 방해하는 표현 ☹	'성장 사고', '끝까지 해내는 힘'을 키우는 표현 ☺
"재능이 있네! 대단해!"	"열심히 했네! 대단해!"
"아, 도전한 것만으로 훌륭해!"	"이번엔 잘 안 됐구나. 같이 이번 일을 분석해 보고 어떻게 하면 더 잘 될지 생각해 보자."
"잘했네! 넌 대단한 재능을 갖고 있어!"	"잘했네! 좀 더 잘했으면 좋았겠다 싶은 부분이 있어?"
"이건 어렵네. 못해도 신경 쓰지 마."	"이건 어렵네. 지금 당장 안 되더라도 너무 걱정하지 마."
"이건 너한테 안 맞을지도 모르겠어. 하지만 괜찮지 않아? 넌 다른 걸 잘하니까."	"조금만 더 열심히 해볼까. 같이 노력하면 반드시 될 거야."

앤절라 더크워스의 《그릿》을 참고해 작성

전력을 다하는 힘,
집착력

오타니 쇼헤이 선수가 연습에 임하는 자세는 간단명료합니다. 자신을 뛰어넘는 것입니다. 그는 라이벌을 의식하지도 않고 명성에도 그다지 집착하지 않습니다.

무엇보다 오타니의 라이벌은 오타니 자신입니다. 그의 보람은 자신을 뛰어넘는 것에 있습니다.

오타니는 평상시에도 자주 자신의 스윙이나 투구 폼 영상을 보면서 힌트를 얻으면 바로 시도해 본다고 합니다. 이에 대해 오타니는 이렇게 말합니다.

"좋지 않았던 것, 좋았던 것이 매일 나옵니다. 오늘도 있었어요. 그걸 내일은 어떻게 해볼까 생각해 보고, 그걸 다음 날 시도해 봅니다. 계속 반복하는 거죠. 그렇게 해서 조금씩 성장해 나가는 것 같아요."

- 《넘버웹 2020년 5월 7일》, 문예춘추

탐구할 주제를 머릿속에 박아 넣고, 점 하나에 집중하는 기세로 시간을 충분히 들여 자신의 무기를 연마하는 데 전력을 다한다. 이것이 바로 집착력, '끝까지 해내는 힘'의 정체입니다. 일희일비하지 않고 과정 자체에서 가치를 발견하고 일에 몰두하면, 당신도 오타니 선수처럼 자신을 뛰어넘을 수 있습니다.

자신을 뛰어넘기 위해서는 집착력이 필수적입니다. '집착력'이라는 말에 필사적인 모습으로 눈앞의 일을 지속하는 이미지를 떠올리는 사람도 있겠지만, 그것은 그저 오기일 뿐일 수도 있습니다.

주제를 가지고 눈앞의 일 안에서 도약의 힌트를 찾겠다는 자세, 그런 자세를 가져야 자발적으로 일에 몰두할 수 있습니다. 이것이 바로 집착력의 정체입니다. 저는 '집착력'을 다음과 같이 정의합니다.

① 집착력은 근육처럼 단련하면 단련할수록 강해지고 단단
  해진다
② 집착력은 호기심이나 흥미와 궁합이 잘 맞는다
③ 집착력은 좁고 깊게 생각하는 것과 궁합이 잘 맞는다

집착력을 발휘하여 위대한 업적을 이룩한 19세기의 자연
과학자 찰스 다윈은 "나는 추상적인 개념에 대해 끊임없이
사색하는 능력이 부족하다."라고 스스로의 단점을 토로한
바 있습니다.

그러면서 다윈은 이렇게 덧붙입니다.

"내가 보통 사람보다 우월한 것은 보통 사람이라면 놓칠 수 있는
것을 알아차리고, 그것을 주의 깊게 관찰하는 것이다. 관찰하는 것
도, 사실을 수집하고 축적하는 것도, 나는 매우 열정적으로 해왔다.
그보다 더 중요한 것은 자연과학에 끝없는 열정을 품어왔다는 것
이다."

- 앤절라 더크워스, 《그릿》

오타니 선수는 방망이와 공이 맞닥뜨리는 순간에 목숨을
겁니다. 이 순간을 홈런으로 만들기 위해 의지력을 발휘하고
끊임없이 탐구해 왔기에 2021년 시즌 46홈런이라는 위업을

달성할 수 있었습니다.

다음 페이지에 '집착력 체크 리스트'가 있습니다. 열다섯 개의 질문에 답하고, 각각 가장 적합한 숫자에 ○표를 해주세요. 그리고 240페이지의 평가표에서 현재 당신의 '집착력' 수준을 확인해 보세요.

오타니 선수처럼 일과 공부 사이에서 주제를 좁혀가며 끈질기게 답을 찾아가는 자세를 가져야 합니다. 그 자세가 당신을 일류로 만들어 줄 것입니다.

날짜 20 년 월 일

다음 질문을 읽고 자신이 느끼는 정도에 따라 '매우 그렇다'(5)와 '매우 아니다'(1) 사이의 가장 적절한 숫자에 동그라미(○)로 표시해 주세요.

▼ 예　　　　▼ 아니오

01 나는 어떤 일이든 끝까지 해낼 수 있다　　　5 4 3 2 1

02 힘든 상황일수록 동기 부여를 강하게 할 수 있다　5 4 3 2 1

03 나는 전형적으로 열정적인 사람이다　　　5 4 3 2 1

04 나는 어떤 일이든 한번 시작하면 무의식적으로
　　이어갈 수 있다　　　5 4 3 2 1

05 나는 압박감에 강한 사람이다　　　5 4 3 2 1

06 나는 전형적인 낙관주의자이다　　　5 4 3 2 1

07 나는 준비하는 것의 중요성을 잘 알고 있다　5 4 3 2 1

08 나는 어떤 일이든 중도에 포기하는 것을 싫어한다　5 4 3 2 1

09 눈앞에 두 가지 선택지가 있으면 망설이지 않고
　　어려운 쪽을 선택한다　　　5 4 3 2 1

10 나에게는 문제를 극복하는 것이야말로 보람 있는 일이다　5 4 3 2 1

11 실패해도 낙담하지 않는다　　　5 4 3 2 1

12 항상 자신감 넘치는 표정을 짓는다　　　5 4 3 2 1

13 항상 정신적으로 안정되어 있다　　　5 4 3 2 1

14 나는 기분 전환을 잘 하는 사람이다　　　5 4 3 2 1

15 나는 끝까지 해내는 것의 중요성을 누구보다
　　잘 알고 있다　　　5 4 3 2 1

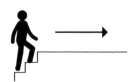

Rule 12

오타니,
최고의 오타니를 만나다

오타니 선수를 진지하게 만드는 것은 '최고의 나를 만나고 싶다'는 마음입니다. 오타니는 다음과 같이 말한 적이 있습니다.

"투구도 타격도 내 힘을 다 쏟을 때 방어율, 승수, 타율 등 숫자가 나온다는 것을 첫해부터 생각했어요. 최선을 다해야 할 수 있고, 제 기량을 발휘하지 못했을 때에는 절대 속일 수 없습니다. 결과를 내기 위한 첫걸음은 1년 동안 건강하게, 그리고 제대로 내 실력을 발휘하는 것이라고 생각합니다."

- 《넘버웹 2020년 2월 13일》, 문예춘추

요즘 세상에서는 두 번째로 잘하는 것은 인정받지 못합니다. 천재란 다른 사람이 흉내 낼 수 없을 정도로 잘하는 사람, 즉 어떤 분야에서만큼은 극에 달한 '최고의 나를 만난 사람'을 말합니다.

잘하는 기술은 하나면 충분합니다. 하지만 그 특기로 누구에게도 지지 않아야 합니다. 오타니 선수처럼 자신의 특기를 최고로 만드는 것을 목표로 삼아 24시간 내내 그것에 대해 고민해야 합니다.

이제 여러분에게 세 가지 질문을 드립니다.

① 자신의 특기를 지금 당장 종이에 쓸 수 있습니까?
② 당신은 그 특기를 극에 달하도록 하기 위해 매일 노력하고 있습니까?
③ 당신의 특기를 눈앞의 업무에 활용할 수 있습니까?

이 세 가지 질문에 모두 '예'라고 대답할 수 있을 때, 비로소 당신은 프로페셔널의 대열에 들어갈 수 있습니다.

그렇다면 자신의 특기를 극에 달하도록 하기 위해서는 어떻게 해야 할까요?

그 답은 '핑계 대지 말고, 내가 잘하는 일을 연마하는 양을 끊임없이 지속적으로 늘린다'입니다. 지름길은 없습니다.

이는 2018년 오타니 선수의 말을 통해서도 알 수 있는데, 앞에서도 소개했지만 제가 가장 좋아하는 말이라 다시 한번 소개합니다.

"내 자신을 어디까지 발전시킬 수 있는지. 그거 말고는 관심이 없어요. 월드 시리즈에서 우승할 수 있다면 거기서 끝인 거겠죠. 할 수 있는 데까지 능력을 키워서 에인절스가 월드 시리즈에서 우승하는 것이 지금 내가 보고 있는 가장 높은 곳이 아닐까 생각합니다."

- 《오타니 쇼헤이 야구소년 l 일본편 2013~2018》, 문예춘추

자신의 궁극적인 꿈을 선명하게 그려내고, 그것을 실현하기 위해 자신의 가장 큰 무기를 극한까지 단련해야 합니다. 오타니 선수는 이런 자세를 견지했기 때문에 '최고의 자신'을 만날 수 있었습니다.

머릿속으로 '해봤자 소용없어'라고 단정 짓고 행동하지 않는 사람들은 세상에 넘쳐납니다.

저는 그런 사람들은 영원히 성공할 수 없다고 단언할 수 있습니다.

다음 페이지에 '최고의 나를 만나기 위한 체크 리스트'가 있습니다. 계속해서 자문자답하며 자기 삶의 방식을 결정해 나아가야 최고의 나를 만날 수 있습니다.

자신이 가장 잘하는 일을 인식하고 그 특기를 극한까지 끌어올리는 데 전력을 다한다면, 당신도 오타니 선수처럼 장대한 꿈을 이룰 수 있습니다.

만약 '최고의 나'를 만나기 위한 구체적인 방안이 잘 떠오르지 않는다면, 다음과 같은 질문을 스스로에게 던져봅시다.

---

01 나는 무엇을 기다리고 있는가

02 나의 진정한 재능은 무엇인가

03 다른 것을 포기하고서라도 갖고 싶은 것, 되고 싶은 것은 무엇인가

04 나의 취미는 무엇인가

05 나의 취미는 직업이 될 수 있는가

06 나는 정말로 위험을 감수할 의향이 있는가

07 내가 하고 싶은 대로 행동하면 어떻게 되는가

08 지금 그렇게 하지 않는 이유는 무엇인가

09 나의 가장 큰 장점은 무엇인가 (사교적이다, 기계에 강하다, 숫자에 강하다 등)

10 나는 누구와 친해지고 싶은가 (선생님, 기업 간부, 세일즈맨, 운동선수, 유명인 등)

11 내가 되고 싶은 나에 도달하기 위해 더 많은 훈련과 교육에 투자해야 할 필요가 있는가

12 나의 훌륭한 아이디어는 무엇인가

13 나의 훌륭한 아이디어를 잘 기록해 두었는가

습관은
승자를 배신하지 않는다

닛폰햄 파이터스 시절 오타니 쇼헤이 선수의 일과는 놀라울 정도로 치밀하고 과학적이었습니다. 무엇보다 오타니는 이를 훌륭하게 해냈습니다.

예를 들어 등판 다음 날은 조깅이나 자전거를 타며 피로 물질 제거에 힘쓰고, 그다음 날은 완전히 휴식합니다. 그리고 3일째부터는 다음 등판을 위해 정해진 훈련을 철저히 소화했습니다.

이 습관은 메이저리거가 된 이후에도 변하지 않았습니다.

등판 전 훈련은 면밀하게 짜여 있습니다. 통역사 미즈하라 잇페이와의 캐치볼, 벽을 향해 던지는 공의 개수도 정해져 있습니다.

물론 오타니는 시즌 오프의 일과도 잘 짜 놓았습니다. 코로나 사태로 단축된 2020년 시즌을 앞두고 오프 시즌을 어떻게 보냈는지에 대해 오타니는 다음과 같이 말했습니다.

"오늘은 오전 10시 45분부터 캐치볼을 했습니다. 그러기 위해서 10시에 야구장에 가서 움직이기 시작해 45분 동안 몸을 데우는 식이에요. 먼저 캐치볼을 하고, 불펜에 들어가서 뛰고, 배팅을 하고, 웨이트 트레이닝을 하고, 돌아오는 식이죠. 연습에 관해서는 아쉬울 것 없이 하고 있다고 생각합니다."

-《넘버Number 2020년 5월 21일》, 문예춘추

많은 사람들이 '루틴'반복적 일과을 과소평가합니다. 하지만 루틴을 경시해서는 안 됩니다. '매일 같은 장소에서 같은 시간에 같은 일을 하는 것', 당신이 아무리 원대한 꿈을 꾸고 목표를 세웠다고 해도, 이러한 루틴을 무시하면 목표를 달성하는 것은 불가능합니다.

일반적으로 같은 일을 3주 정도 지속하면 '습관'으로 굳어집니다. 자기실현을 위한 습관 기술과 리더십 연구의 세계적

권위자인 로빈 샤마는 다음과 같이 말합니다.

"당신은 하루하루를 사는 대로 평생을 살아가게 된다. 앞으로 며칠이 남았으니 오늘은 상관없다는 생각은 우리가 빠지기 쉬운 함정이다. 멋진 인생은 아름다운 진주 목걸이처럼 만족스러운 하루하루의 연속이다. 모든 하루가 중요하고 최종 결과의 퀄리티에 영향을 미친다. 과거는 더 이상 존재하지 않고, 미래는 상상의 산물일 뿐이며, 오늘이라는 하루가 있을 뿐이다. 현명하게 써야 한다."

- 《3주간 계속하면 일생이 바뀐다 3 週間続ければ一生が変わる》, 카이류샤

저는 미리 약속이 있는 경우를 제외하고는 오전 5시부터 정오까지 7시간 중 5시간은 글쓰기에 할애하고 있습니다. 또 외출을 하지 않을 때에는 아침, 점심, 저녁을 반드시 같은 시간에 먹습니다. 특별한 일이 없는 한 밤 9시 반에 잠자리에 들고 새벽 5시 전에 일어나는 리듬도 바꾸지 않습니다.

이렇게 정착한 리듬 덕분에 지금까지 한 번도 입원한 적 없고, 큰 병에 걸린 적도 없습니다.

여러분도 한껏 힘을 내서 '매일 같은 장소에서 같은 시간에 같은 일을 하는' 습관을 뿌리내리기 바랍니다. 물론 "업무 시간이 불규칙해서 이런 루틴은 불가능하다."고 말하는 분도 있을 겁니다. 그렇더라도 시간 활용법을 공부해서 가능한 범위 내에서 '같은 시간에 같은 일을 하는 루틴'을 늘려 가시기 바랍니다.

다음 페이지에 '습관력 체크 리스트'가 있습니다. 이를 활용하여 바람직한 습관을 늘려 보시기 바랍니다. 그것만으로도 당신은 오타니 선수처럼 훌륭한 퍼포먼스를 발휘할 수 있게 될 것입니다.

습관력 체크 리스트

매주 1회, 같은 요일에 체크해 보세요

20 년 월 주

습관으로 삼고 싶은 것	한 줄 코멘트	실행도
1		%
2		%
3		%
4		%
5		%

버리고 싶은 나쁜 습관	한 줄 코멘트	실행도
1		%
2		%
3		%
4		%
5		%

반성

습관력 체크 리스트 작성법

1. 습관으로 삼고 싶은 것에 대한 느낌을 한 줄로 적습니다.
2. 버리고 싶은 나쁜 습관에 대해 버리지 못하는 이유를 한 줄로 적습니다.
3. 실행도는 '습관으로 삼고 싶은 것'을 실행한 정도와, '버리고 싶은 나쁜 습관'을 그만둔 정도를 백분율로 적습니다.

불가능을 가능하게 하는 오타니의 패턴

오타니 쇼헤이 선수의 발언을 분석하다 보면 한 가지 공통점을 발견할 수 있습니다. 부정적인 표현이 거의 보이지 않는다는 것입니다.

예를 들어, 많은 야구 평론가들이 "프로의 세계에서 투타이도류는 불가능하다."고 할 때에도 오타니의 이도류에 대한 의지는 한 치의 흔들림도 없었습니다. 오타니는 여기에 대해 다음과 같이 말했습니다.

"불가능하다고 생각하지 않는 것이 가장 중요한 것 같아요. 불가능하다고 생각하면 끝이에요. 일단 해보고, 거기서 한계가 오면 내 실력은 거기까지라는 뜻입니다."

- 《불가능을 가능케 하는 오타니 쇼헤이의 120가지 생각
不可能を可能にする 大谷翔平120の思考》, 피아

많은 사람들이 '장대한 꿈을 이루는 사람은 그 분야의 재능을 타고난 사람'이라고 떠들어 댑니다. 하지만 이는 명백히 잘못된 생각입니다. 장대한 꿈을 이룬 사람들의 공통점은 재능을 타고났다기보다는 '집념이 남다르다'는 점입니다.

동일하게 어려운 상황에 부딪히면, 우리는 위기를 훌륭하게 극복하는 사람과 쉽게 좌절하는 사람으로 나누어집니다.

어려움을 만났을 때 실행하기도 전에 '너무 부담스러워서 할 수 없을 것 같아'라고 생각하는 사람은 비관주의자입니다. 이런 사람은 행동을 하지 않거나, 설령 하더라도 금방 포기해 버립니다. 이런 행동 패턴은 집념이 없음을 드러냅니다.

생각과 행동의 관계에 대해 간략히 설명해 보겠습니다.

"할 수 없다."는 말을 하는 순간, 우리의 뇌는 즉각적으로 작동을 멈출 운명에 처하게 됩니다. 즉, 부정적인 말을 내뱉

는 것만으로도 컴퓨터의 전원을 강제로 끄는 것과 같은 현상이 뇌에서 일어납니다.

'이건 불가능해', '이런 꿈같은 이야기는 그만하고 좀 현실적으로 생각하자'와 같은 부정적인 메시지 또한 말하는 사람의 방어기제를 작동시켜, 결국 실제로 행동하지 않게 됩니다.

하기도 전에 '할 수 없다'고 단정 짓는 것은 그 자체에 문제가 있습니다. 부정적인 사고 패턴이 행동력을 떨어뜨리고, 그것이 결과적으로 집념을 약화시키고 없애버려 꿈을 이루지 못하게 만듭니다.

많은 사람들이 성공의 원인을 선천적인 것으로 생각하기 쉽지만, 사실은 그렇지 않습니다. 우리가 말하는 메시지를 바꾸는 것만으로도 뇌에 화학적 변화가 일어나 '동기 부여 호르몬'인 도파민이라는 신경 물질이 혈액 속에 다량 분비됩니다.

또한 행복감을 주는 베타 엔도르핀이라는 '쾌감 호르몬'도 점점 뇌 안에 넘쳐나게 됩니다. 이로 인해 행동력과 집념이 높아지는 것은 두말할 나위도 없습니다.

반대로 '할 수 없다'는 메시지를 발산하면 불안 호르몬인 아드레날린과 공포 호르몬인 노르아드레날린이 뇌 안에 넘쳐나게 됩니다.

이런 호르몬이 분비되면 일시적으로 폭발적인 힘을 발휘할 수 있습니다. 하지만 지속적으로 분비되면 그 독성이 킬러 세포*를 손상시켜 몸의 면역력을 떨어뜨립니다. 그 결과 불쾌한 심리적 상황을 만들어 낼 뿐만 아니라 질병에 걸릴 위험도 높아집니다. '할 수 없다'는 메시지를 철저히 없애는 것만으로도 불안과 짜증이 가라앉습니다.

다음 페이지에 '바이탈리티 체크 리스트'가 있습니다. 총점 80점 이상을 목표로 일상 습관을 개선해 보십시오. 같은 일에서도 '할 수 있다'는 메시지를 발산하는 것만으로 행동력을 높일 수 있습니다.

● 킬러 세포(자연살해세포, NK세포)는 선천면역을 대표하는 면역 세포로, 암세포나 바이러스 감염 세포 등 비정상 세포를 스스로 감지하고 즉각 제거한다.

바이탈리티 체크 리스트

다음 문장을 읽고 자신이 느끼는 정도에 따라 '매우 그렇다'(10)와 '매우 아니다'(1) 사이의 가장 적절한 숫자에 동그라미(○)로 표시해 주세요.

날짜 20　년　월　일

　　　　　　　　　　　　　　　　　　▼　　　　　　　　　▼
　　　　　　　　　　　　　　　　　　예　　　　　　　　아니오

01	오늘도 의욕이 넘쳤다	10 9 8 7 6 5 4 3 2 1
02	오늘 컨디션은 최고였다	10 9 8 7 6 5 4 3 2 1
03	오늘도 집중력을 유지할 수 있었다	10 9 8 7 6 5 4 3 2 1
04	오늘도 모든 것을 낙관적으로 바라볼 수 있었다	10 9 8 7 6 5 4 3 2 1
05	오늘도 퇴근 이후를 즐길 수 있었다	10 9 8 7 6 5 4 3 2 1
06	오늘도 일을 즐길 수 있었다	10 9 8 7 6 5 4 3 2 1
07	오늘도 스트레스를 잘 극복할 수 있었다	10 9 8 7 6 5 4 3 2 1
08	오늘 하루도 운동을 할 수 있었다	10 9 8 7 6 5 4 3 2 1
09	오늘도 생긋 웃는 얼굴로 보낼 수 있었다	10 9 8 7 6 5 4 3 2 1
10	오늘도 행동하는 하루였다	10 9 8 7 6 5 4 3 2 1

합계 (　　　　) 점

Rule 15

내가 좌우할 수 없는 것은
생각하지 않는다

오타니 쇼헤이 선수만큼 주변 상황을 냉정하고 정확하게 파악할 수 있는 선수는 많지 않습니다.

같은 상황에서도 '신념'의 차이에 따라 해석이 달라지고, 그 차이에 따라 결과도 달라집니다. 영국 작가 제임스 앨런 이 한 세기 전에 주장한 '원인과 결과의 법칙'은 지금도 통용되는 성공 방정식입니다. 그 핵심 메시지는 매우 간단합니다.

앨런은 "자신을 둘러싼 환경이라는 '결과'는 자신의 생각이라는 '원인'이 만들어 낸 것."이라고 말했습니다.

'씨앗'이 원인이고 '열매'가 결과입니다. 좋은 씨앗을 심으면 좋은 열매를 맺고, 나쁜 씨앗을 심으면 당연히 시원찮은 열매밖에 맺지 못합니다.

즉, 내 주변에서 일어나는 모든 일들은 내 생각이 만들어 내고, 끌어당긴 것들입니다. '원인'에 의해 만들어지는 '결과'라는 인과관계에 우연성은 존재하지 않습니다. '좋은 마음은 좋은 열매를 맺고, 나쁜 마음은 나쁜 열매를 맺는다'는 것은 '옥수수에서 옥수수가 나온다'는 것과 마찬가지로 단순 명료한 필연입니다.

과일과 채소의 결실에는 자라는 토양도 큰 관계가 있습니다. 긍정적인 사고는 비옥한 토양을 만들고, 부정적인 사고는 척박한 토양을 만듭니다. 같은 씨앗을 뿌려도 긍정적인 사고는 풍성한 열매를 맺고, 부정적인 사고는 작은 열매만 맺게 됩니다.

이와 관련해 오타니 선수는 언젠가 다음과 같은 말을 한 적이 있습니다.

"평소에 자신이 좌우할 수 없는 것은 생각하지 않는 스타일이라, 모든 일은 나의 행동으로 바꿔간다는 것을 의식하고 있습니다. 상대방의 마음을 바꿀 수는 없지만, 인상을 바꾸기 위해 내가 할 수 있는 일은 있죠. 행동 하나, 말 한마디, 옷차림 하나로 상대방이 가진 나에 대한 인상이 조금씩 바뀔 수도 있어요. 상대방의 마음을 바꾸려고 하는 것이 아니라, 상대방의 마음을 바꿀 수 있도록 내가 할 수 있는 일을 하자는 것이죠."

-《넘버웹 2021년 2월 13일》, 문예춘추

이미 얘기했듯이, 오타니 선수의 놀라운 활약은 그의 피땀 어린 노력에 힘입은 것입니다. 그리고 그것에 더해 저는 '오타니 선수의 훌륭한 성적과 성공 뒤에는 그의 선한 마음과 올바른 노력이 공존하고 있다'고 생각합니다.

오타니는 항상 자신이 처한 상황을 냉정하게 파악하고, 자신이 할 수 있는 것을 목표로 삼고, 자신이 납득할 수 있는 행동을 했습니다. 오타니는 다음과 같이 말했습니다.

"저 혼자의 힘으로 코로나바이러스를 없앨 수 없습니다. 거기에 심혈을 기울일 수는 없는 거죠. 하지만 무관중이라 해도 TV로 보는 것만으로 가슴이 뜨거워지는 플레이를 할 수는 있어요. 그렇다면 거기에 심혈을 기울이자는 거죠."

-《넘버웹 2021년 2월 13일》, 문예춘추

여러분도 일상생활에서 '통제 가능한 요소'와 '통제할 수 없는 요소'를 잘 구분해 보시기 바랍니다. 많은 사람들이 통제할 수 없는 것에 과민하게 반응하고 악감정을 품은 탓에 인생을 즐겁게 살지 못합니다.

오타니는 항상 자신이 통제할 수 있는 요소에 집중합니다. 즉, 성공한 사람들은 자신이 통제할 수 없는 것에는 관심을 두지 않고, 오로지 자신이 통제할 수 있는 것에만 전력을 기울였기 때문에 운을 끌어들여 엄청난 성과를 거둘 수 있었습니다.

다음 페이지의 '감정 컨트롤 체크 리스트'에서 가능한 많은 항목에 체크할 수 있도록 노력해 보세요. 그러면 당신도 오타니 선수처럼 어떤 상황에서도 안정적인 감정 컨트롤을 할 수 있게 될 것입니다.

평소 자신의 생활을 되돌아보고 아래 항목에서 해당되는 내용에 체크해 보세요.

☐ 괴로운 상황이라 해도 몇 번이고 헤쳐 나갈 수 있다

☐ 당장 결과가 나오지 않아도 포기하지 않는다

☐ 지루한 일을 할 때도 그 일의 재미있는 부분을 찾으려고 노력하며, 일을 하는 '지금'을 즐기려고 노력한다

☐ 인생의 난제에 부딪혀도 창의적으로 생각하려고 노력한다

☐ 주변에서 어떻게 반응하든 위기 상황에서 나는 매우 냉정하고 집중하며, 긍정적인 에너지로 가득 차 있다

☐ 내 능력의 한계에 도전하는 것을 좋아한다

☐ 중요한 일이 있을 때 나의 실력을 전부 선보이는 게 가능한 경우가 많다

☐ 압박감이 있을 때 무력감에 빠지거나 피곤함을 느끼는 경우가 거의 없다

☐ 필요할 때에 냉정하고 민첩하며 집중하는 상태가 된다

☐ 대부분 감정을 잘 조절하고 나의 힘을 발휘할 수 있다

☐ 압박감이 있을 때야말로 강하다

☐ 힘든 상황에서도 웃음, 기쁨, 투쟁심, 유머 등 다양한 긍정적인 감정을 불러일으킬 수 있다

☐ 내가 하고 있는 일에 온전히 집중할 수 있다

☐ 하겠다고 생각만 하면, 한 가지에 집중하는 것은 쉬운 일이다

☐ 보람 있는 문제에 몰두할 때는 장소도 시간도 잊어버리는 경우가 많다

☐ 힘을 발휘해야 할 때 부정적인 감정을 가볍게 떨쳐버리는 것이 가능하다

짐 레이어, 《멘탈 터프니스(メンタル・タフネス)》에서 인용

오타니처럼 즐기기

그럼에도 불구하고
좋은 방향으로 계속 나아가다

Rule 16

기술보다 연습량이 만든 괴물 천재, 오타니

우리는 오타니 쇼헤이 선수가 홈런을 치거나 시속 160km 의 공을 던지는 장면을 보면서 '오타니 선수에게는 쉬운 일 이지'라고 생각할 수 있습니다.

하지만 앞서 말했듯이, 그의 놀라운 경기력 이면에는 막대 한 훈련이 쌓여 있다는 것을 잊어서는 안 됩니다.

오타니는 우리가 모르는 사이에 '인생'이라는 귀중한 자 원을 자신의 일에 쏟아 부었기에 일류 선수가 될 수 있었습 니다.

물론 연습뿐 아니라 실전에서도 '양'이 중요합니다. 이에 대해 오타니는 이렇게 말합니다.

"숫자를 남기려면 물론 기술도 필요하지만, 그보다 더 중요한 것은 절대적인 양이 아닐까요? 경기 횟수를 늘릴 수 있다면 수치상의 성장도 거둘 수 있을 거라고 생각해요. 타자로서는 상대가 좌투수라 해도 30홈런은 가능할 것 같고, 투수로서는 25경기에 선발로 나서면 15승도 가능할 것 같아요. 15승에 30홈런이면 거의 MVP급 숫자인데 말이죠웃음."

- 《넘버웹 2021년 2월 13일》, 문예춘추

또한 오타니 선수는 다음과 같은 이야기도 합니다.

"선수로서는 '모든 경기에 출전하라'는 말을 듣고 싶죠. 등판 당일만 쉬면서 컨디션 조절을 하고 1년 동안 로테이션˚을 지키면서 타자로서는 남은 경기에 모두 출전할 수 있다면 그게 가장 이상적이라고 생각해요."

- 《넘버웹 2021년 2월 13일》, 문예춘추

● 야구에서는 일반적으로 선발 투수의 로테이션, 즉 투수들이 돌아가면서 나오는 순서가 정해져 있다.

어떤 이유가 됐건 양을 늘려야 합니다. '양질전환의 법칙'
은 기억해 두면 좋은 말입니다. 양을 늘리면 자동적으로 질
도 높아진다는 뜻입니다.

독일 막스 플랑크 연구소의 랄프 클럼프 박사가 아마추어
피아니스트와 서베를린 음악 아카데미 소속 프로 피아니스
트에게 "당신은 피아노를 얼마나 연습하고 있습니까?"라고
각각 물었습니다.

그 결과 프로 피아니스트는 평균적으로 일주일에 33시간
연습하고 있었고, 아마추어는 일주일에 3~4시간 연습하는
것으로 집계되었습니다. 연습 시간의 차이가 열 배나 나는
것이죠.

미국에서 수년에 걸쳐 진행된 전국적인 설문조사가 있습
니다. "성공하기 위해서는 재능과 노력 중 어느 것이 더 중요
하다고 생각합니까?"라는 질문이었습니다.

'노력'이라고 답한 사람이 '재능'이라고 답한 사람보다 두 배
나 많았습니다.

설문 조사 참가자들에게 한 가지를 추가로 물었습니다.
"만약 당신이 새로운 직원을 뽑는다면 '똑똑한 사람'과 '부지
런한 사람' 중 누구를 뽑겠습니까?"

결과는 '부지런한 사람'이라는 응답이 '똑똑한 사람'의 다섯 배에 육박했습니다. 노력은 언제 어디서나 중요한 자질이라는 걸 알 수 있습니다.

다음 페이지에는 '동기 부여를 위한 메시지 리스트'가 있습니다. 매일 이 메시지를 읽고 하루를 시작하시기 바랍니다.

인생이라는 한정된 시간을 충분히 투자하고 성과를 내기 위해 그날 하루를 최선을 다해 보내는 것이 바로 인생을 성공으로 이끄는 가장 강력한 공식입니다.

★ 오늘 하루도 멋진 하루를 보내자!

★ 내 인생은 점점 더 좋아지고 있다!

★ 일은 순조롭고 즐겁다!

★ 매일매일이 즐거워서 어쩔 줄 모르겠다!

★ 내겐 행운의 신이 함께하고 있다!

★ 어려운 일일수록 보람이 있다!

★ 좋은 동료와 좋은 친구들을 만나서 행복하다!

★ 모든 것에 감사하고 또 감사한다!

★ 나에게 불가능한 것은 없다!

★ 일을 할 수 있다는 것에 감사한다!

★ 어떤 상황에서도 나는 웃음을 잃지 않는다!

★ 어떤 상황에서도 나는 최선을 다한다!

★ 잘 안 될 때야말로 도약의 기회다!

★ 절약하고 건강을 유지하기 위해 노력한다!

★ 가족이 있기에 나는 열심히 할 수 있다!

★ 나는 얼마나 행복한 사람인가!

'동기 부여'를 높이는 방법!

감사의 말, 자신의 의지를 관철하는 말을 입버릇처럼 말한다

'그 순간'을 기다리는 설렘으로
매일 전진하다

많은 사람들이 오타니 선수와 자신을 비교하며 불만을 토로합니다. "오타니 쇼헤이 선수는 '좋아하는 일'과 '잘하는 일'을 찾았으니 동기 부여가 되는 것은 당연하다. 하지만 대부분의 일은 지루한 일상 업무의 반복인데 동기 부여가 될 리가 없다."

많은 직장인들이 "일이 재미없어요." "이 일을 계속해도 성장할 수 없어요." "이 일은 나와 맞지 않아요." 등의 불만을 품고 오늘도 일과 씨름하고 있습니다. 이런 소극적인 사고방식으로 일을 하면 재미있을 리가 없고, 무엇보다 핵심적인 동기 부여가 생기지 않습니다.

어떤 사람들은 '가족을 먹여 살리기 위해 싫은 일도 참을 수밖에 없다'는 생각으로 마지못해 일을 하는 사람도 있습니다. 그런 생각으로 일을 하는 한, 행복감이 넘치는 삶을 사는 것은 요원한 일입니다.

물론 일을 통해 돈을 버는 행위는 생존을 위해 꼭 필요합니다. 가족이 있다면 더욱 그렇습니다. 보상을 얻기 위한 수단으로 일이 존재하는 것도 엄연한 사실입니다. 하지만 그것뿐이라면, 일은 정말 재미없을 것입니다.

저는 '업무 내용의 재미를 보고 일을 선택하는 한, 일류의 반열에 오를 수 없다'고 생각합니다. 대체적으로 프로의 세계에서 재미있는 일이란 존재하지 않기 때문입니다.

오타니 선수를 봅시다. '그냥 공을 치거나 공을 던지는 것'은 일 자체로 보면 단조롭고 재미도 없습니다. 게다가 프로의 일에 항상 따라다니는, '성과를 내야 한다'는 요소까지 더해지면 더더욱 재미없는 일이 돼버리고 맙니다. 이에 대해 오타니는 다음과 같이 말합니다.

"그 순간이 오늘 올 수도 있고, 내일 올 수도 있어요. 어쩌면 어느 날

갑자기 무언가를 이루는 순간이 나타날지도 몰라요. 그래서 매일 연습하고 싶어지는 거죠."

- 《길을 열어 바다를 건너는 오타니 쇼헤이의 맨얼굴》, 후소샤

열쇳말은 '성장'과 '진화'입니다. 일류인 사람들의 공통점은 '비정상적으로 보일 정도로 성장하고 진화하려는 욕구가 강하다'는 것입니다. 전혀 흥미롭지 않은 일도, 하다가 '번쩍하는 빛'을 찾아내면 갑자기 재미있는 일로 바뀐다는 것을 잘 알고 있기 때문입니다. 이어지는 오타니 선수의 말입니다.

"매일매일 방망이를 휘두를 때에도, 던질 때에도 그렇습니다. 혹시나 그 순간이 올지도 모른다는 생각에 항상 설레는 마음으로 연습하고 있어요."

- 《길을 열어 바다를 건너는 오타니 쇼헤이의 맨얼굴》, 후소샤

어제의 나보다 오늘의 나, 그리고 오늘의 나보다는 내일의 나, 매일 조금씩이라도 성장하고 진화하는 것이 중요하다는 것을 알기 때문에, 오타니는 진지하게 노력했습니다. 그래서 위대한 재능을 얻을 수 있었습니다.

풀어 말하자면 그 과정에 엄청난 시간을 쏟아 부었기 때문에 '간신히' 위대한 재능을 얻을 수 있었습니다. 이 방법에

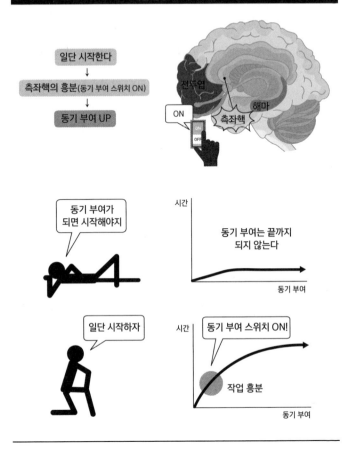

가바사와 시온,《배운 것을 결과로 바꾸는 아웃풋 대전(学びを結果に変えるアウトプット大全)》을
참고하여 작성

는 지름길이 없습니다.

아무리 재미없는 작업이라도 일단 시작하면 기분이 좋아

집니다. 이것이 바로 '작업 흥분'이라는 뇌의 메커니즘입니다. "일단 해보자!"라고 외치며 행동하면 됩니다. 그러면 '측좌핵'이라는 뇌의 기관이 활동을 시작합니다. 이것이 바로 '동기 부여 스위치'의 정체입니다.

저는 '매일매일 한 발씩'이라는 말을 좋아합니다. 위대한 업적은 작은 일들이 쌓이고 쌓여 어느 날 갑자기 이루어진다는 의미입니다.

오타니의 동기 부여는
어디에서 오는가

동기 부여는 크게 '내재적 동기 부여'와 '외재적 동기 부여' 두 가지로 나뉩니다. 오타니 쇼헤이 선수를 진정성 있게 만드는 것은 말할 필요도 없이 전자입니다.

저는 탐구심이 그에게 위대한 재능을 부여했다고 생각합니다. 언젠가 오타니 선수는 다음과 같이 말했습니다.

"정답은 없다고 생각합니다만, 사실 사람들은 다들 정답을 찾으러 다니죠. 정답을 원하는 건 누구나 마찬가지이니까요. '이것만 하면

돼'라는 정답이 있으면 편하겠지만, 아마 그건 '없다'고 생각해요. 정답을 찾으러 다닌다고 생각하면서, 투구도 하고 타격도 하다보면 즐거운 일이 아주 많으니까요."

- 《길을 열어 바다를 건너는 오타니 쇼헤이의 맨얼굴》, 후소샤

직장을 구할 때 '일의 내용이 재미있어야 한다'는 것을 가장 먼저 생각하는 사람들이 있습니다. 하지만 취미라면 몰라도, 적어도 프로라면 재미있는 일 같은 건 없다고 생각하는 편이 좋습니다.

일의 대부분은 일상적인 루틴의 반복입니다. 오타니 선수에게도 단순히 공을 많이 던지고 많이 치는 연습은 전형적인 재미없는 일입니다. 하지만 '더 좋은 타격'이나 '더 빠른 공을 던지는 투구'를 주제로 탐구심을 가지면, 재미없는 작업도 갑자기 재미있는 작업으로 바뀌게 됩니다. 탐구심에 대해 오타니는 다음과 같이 말했습니다.

"왜 안 될까라는 생각을 할 때는 있지만, 이건 불가능하다거나 절대 안 된다는 한계를 느낀 적은 단 한 번도 없어요. 지금은 어려워도 언젠가는 극복할 수 있고, 더 잘할 수 있다는 확신이 있었고, 그걸 위한 연습이 즐거웠어요."

- 《타운워크 매거진 タウンワークマガジン 2017년 10월 30일》, 리쿠르트사

20세기에 유용했던 '모든 것을 다 아는 지식인'은 지금의 정보화 사회에서 그 가치를 잃어가고 있는 것이 분명합니다. '넓고 얕게'에서 '좁고 깊게'가 앞으로의 시대적 트렌드가 될 것입니다.

탐구심과 더불어 오타니 선수를 움직이게 하는 또 다른 내재적 동기는 '자아실현 욕구'입니다. 이 역시 탐구심과 마찬가지로 자신의 내면에서 우러나오는 전형적인 내재적 동기 부여입니다.

반세기 전 아브라함 H. 매슬로가 내놓은 '욕구 위계 이론'은 여전히 유효합니다. 그는 인간의 다섯 가지 욕구를 피라미드에 비유해 계층적으로 표현했습니다.

맨 아래부터 '생리적 욕구', '안전의 욕구', '사회적 욕구', '인정의 욕구' 순으로 쌓여갑니다.

매슬로는 "아래의 욕구가 충족돼서 사라지면 바로 위의 욕구로 넘어간다."고 주장했습니다.

피라미드에서 아래 네 개는 '충족되면 자연히 사라지는' 결핍 욕구입니다. 다만 맨 위에 있는 '자아실현의 욕구'는 유일하게 성장 욕구입니다.

'어떻게든 살아 있는 동안 최고의 나를 만나고 싶다'는 궁극적인 자아실현 욕구야말로 오타니 선수에게는 매우 매력

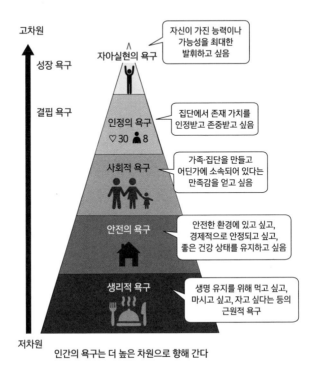

고차원

성장 욕구

결핍 욕구

자아실현의 욕구

자신이 가진 능력이나
가능성을 최대한
발휘하고 싶음

인정의 욕구
♡ 30 👤 8

집단에서 존재 가치를
인정받고 존중받고 싶음

사회적 욕구

가족·집단을 만들고
어딘가에 소속되어 있다는
만족감을 얻고 싶음

안전의 욕구

안전한 환경에 있고 싶고,
경제적으로 안정되고 싶고,
좋은 건강 상태를 유지하고 싶음

생리적 욕구

생명 유지를 위해 먹고 싶고,
마시고 싶고, 자고 싶다는 등의
근원적 욕구

저차원

인간의 욕구는 더 높은 차원으로 향해 간다

A.H. 매슬로우, 《인간성의 심리학(Motivation and Personality)》을 참고해 작성

적이고 지속적이며 안정적인 동기 부여가 되었습니다.

여러분도 꼭 진지하게 '나에게 자아실현이란 무엇인가'라
는 질문을 스스로에게 던져보시기 바랍니다.

Rule 19

'되고 싶은 나'를 향해
거침없이 나아가다

내재적 동기 부여와 반대되는 개념으로 '외재적 동기 부여'가 있습니다. 보상이 주어지는 것에 따라 뭔가를 하고 싶은 마음이 생긴다는 말입니다.

외재적 동기 부여에는 세 가지의 강력한 '모티베이터'동기 부여 요소가 있습니다.

첫 번째 모티베이터는 '금전적 보상'입니다. 다만, 오타니 쇼헤이 선수가 이 부분에 대해 언급하는 것은 별로 찾아볼 수 없습니다.

오타니 선수는 2021년 시즌 개막을 앞두고 LA 에인절스와 2년 총액 850만 달러약 113억 원에 계약 연장을 합의했습니다. 이 계약은 2022년 시즌 종료까지 유효합니다. 2021년 시즌 연봉은 300만 달러약 40억 원, 2022년 연봉은 550만 달러약 73억 원입니다.

2021년 시즌의 활약을 감안할 때, 에인절스가 오타니와 장기계약을 맺으려면 지금 당장 하는 것이 현명하다는 얘기가 나옵니다. 한 전문가는 "연봉 5000만 달러약 664억 원, 5년 계약 총액 2억 5000만 달러약 3275억 원가 적당하다."고 전망했습니다.•

다만, 이렇듯 막대한 보수를 받는다 해도 오타니 선수에게 '금전적 보상'은 가장 큰 동기 부여가 되지는 못합니다.

두 번째 모티베이터는 '직책 보상'입니다. 오타니에게 직책 보상은 고정 포지션입니다. 조직의 최전선에서, 책임감 있는 위치에서 활약할 수 있는 기회가 주어진다는 것은, 프로에게 무엇과도 바꿀 수 없는 매력적 동기 부여 요인이 될 수 있습니다.

끝으로, 세 번째 모티베이터는 '재량적 보상'입니다. 최근

• 오타니 선수는 이후 재계약을 통해 2023년 연봉 3000만 달러(약 401억 원)에 합의했다. 이 밖에도 고와, 세이코, 휴고보스 등 광고 및 협찬 수익으로 3500만 달러를 추가로 벌어 2023년 연간 총 수입은 6500달러(약 865억 원)로 예상된다. 포브스는 2023년 메이저리그에서 가장 수입이 많은 선수 1위로 오타니 쇼헤이를 꼽았다.

한 조사에서는 청년층 직장인들이 가장 바라는 것은 '재량적 보상'이라는 결과가 나오기도 했습니다.

자신의 업무에 대한 재량권을 확실히 쥐는 것은 곧 책임과 권한을 갖는 것입니다. '직책 보상'에 못지않은 매력적인 보상입니다.

언젠가 오타니는 이런 말을 한 적이 있습니다.

"기본적으로 저는 어떤 일이든 남에게 상담하는 것을 좋아하지 않고, 남에게 상담할 때에는 충분히 고민하고 생각한 후에 한다는 마음을 갖고 있습니다."

- NHK 스페셜 '메이저리거 오타니 쇼헤이가 말하는 도전의 1년

メジャーリーガー大谷翔平 自ら語る 挑戦の1年', 2018년 11월 4일 방영

'되고 싶은 나'를 머릿속에 선명하게 그려놓고 그걸 향해 거침없이 나아간다, 이 단순한 성공 공식이 오타니를 위대한 메이저리거로 만들었습니다.

내 인생 최고 책임자는 나 자신입니다. 이 말을 스스로에게 반복하시기 바랍니다.

당신의 인생에 관한 재량권은 100퍼센트 당신이 쥐고 있습니다.

다음 페이지에 '동기 부여법 찾기 체크 리스트'가 있습니다. 이 용지를 주기적으로 작성하고 업데이트해서 나에게 가장 강력한 동기 부여 요소는 무엇인지 생각해 볼 수 있는 시간을 확보하세요.

이 체크 리스트를 활용하면, 당신은 자신에게 매력적인 모티베이터를 발견하고 활용해서 최고의 성과를 거둘 수 있을 것입니다.

동기 부여법 찾기 체크 리스트

날짜 20 년 월 일

동기 부여를 높이는 요소

1
2
3
4
5

동기 부여를 낮추는 요소

1
2
3
4
5

이번 주 동기 부여 지수   점

'동기 부여'를 높이는 방법!

 하루 중에 반드시 오프라인 시간을 확보한다

좋은 결과를 만드는
오타니식 결정법

오타니 쇼헤이가 2021년 시즌에 엄청난 성적을 거둔 것은 그에게 찾아온 인생의 전환점에서 스스로 내린 결정과 무관하지 않습니다.

'내재적 동기 부여', '외재적 동기 부여'와는 별개로 동기 부여 자체를 불러일으키는 요소가 있습니다. '희망형 모티베이션', '긴장형 모티베이션', 그리고 '지론형 모티베이션'입니다.

① 희망형 모티베이션: 청소년의 모티베이션

'꿈'이나 '목표'를 설정하고 이를 실현하기 위해 노력하는 동기. 열쇳말은 '희망', '꿈', '목표', '동경', '성취감', '낭만' 등

② 긴장형 모티베이션: 직업인의 모티베이션

달성 기한을 설정하고 긴장 상태를 유지하면서 초인적 힘을 발휘하게 하는 동기. 열쇳말은 '긴장', '헝그리 정신', '조급함', '마감', '미완성' 등

③ 지론형 모티베이션: 일류가 가진 모티베이션

자신이 결정한 방식에 따라 그것을 관철하기 위해 노력하는 동기 부여. 열쇳말은 '내가 주인공', '재량권', '마이 페이스', '상식 거부', '독창성', '마이 스타일' 등

희망형 모티베이션에 좋은 열쇳말들이 나열되어 있지만, 사실 꿈이나 목표를 품는 것만으로는 너무 약합니다. 목표는 '결과 목표'와 '행동 목표'로 분류되는데, '결과 목표'에 너무 치우쳐 '행동 목표'에 소홀한 경우가 많습니다. 전형적인 결과 목표인 희망형 동기 부여만으로는 앞으로 나아갈 수 없습니다.

긴장형 모티베이션은 결코 무시할 수 없는 동기 부여입

니다. 업무에서 '달성 기한'이나 '마감 효과'는 초인적 힘을 발휘하게 합니다. 시험 전날 밤샘 공부나 마감 시간 직전에 완성한 보고서 등이 여기에 해당합니다.

지론형 모티베이션이야말로 가장 강력한 동기 부여입니다. 앞으로의 시대는 모든 것을 스스로 결정하고 자신감 넘치는 태도와 표정을 유지하며 살아가야 하는 시대이기 때문입니다. 여러분도 철저하게 자신의 지론을 업무에 불어넣어 독창적으로 일해 나아가야 합니다.

고등학교를 졸업하고 곧바로 메이저리그에 진출하고 싶다는 오타니 선수의 강한 의지를 바꾼 것은 닛폰햄 파이터스의 드래프트 지명이었습니다. 오타니는 당시를 회상하며 다음과 같이 말했습니다.

"지금 생각해 보면 결국 좋은 결정이었다고 생각합니다. 지금도 야구를 하고 있다는 점을 생각하면, 그때의 결단이 잘한 것이었구나 하고 생각하고 싶은 부분도 있습니다."

- 《길을 열어 바다를 건너는 오타니 쇼헤이의 맨얼굴》, 후소샤

물론 당시 오타니 선수가 부모님과 충분히 상의하고 결정한 일이었다는 건 당연합니다.

"그때만큼 부모님과 이야기를 많이 나눈 적이 지금까지 없었던 것 같아요. 그 시기는 어떤 일이 있어도 잊지 못할 것 같고, 죽을 때까지 기억할 것 같아요."

- 《길을 열어 바다를 건너는 오타니 쇼헤이의 맨얼굴》, 후소샤

다음 페이지에 '성공하는 사람과 그렇지 않은 사람의 행동 패턴'이 나와 있습니다. 아무리 실패해도 계속 시도하는 사람은 성공에 도달할 수 있는 반면, 실패를 두려워하며 시도조차 하지 않는 사람은 성공할 수 없습니다. '지론적 모티베이션'을 통해 계속 시도하는 사람에게, 승리는 미소를 지어 줍니다.

성공하는 사람은 행동 패턴이 다르다

시도하는 사람

레벨 UP!
성공
현실 돌파

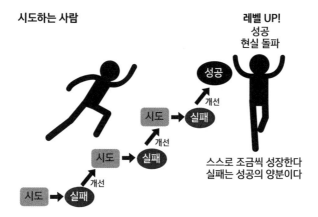

성공

시도 → 실패
↗ 개선
시도 → 실패
↗ 개선
시도 → 실패

스스로 조금씩 성장한다
실패는 성공의 양분이다

실패를 두려워하는 사람/시도하지 않는 사람

영원히 지금 그대로

성공?
실패?
시도하지 않음
성장하지 않음

가바사와 시온, 《배운 것을 결과로 바꾸는 아웃풋 대전》을 참고하여 작성

작은 성취를 모아
큰 성과로 만든다

오타니 쇼헤이 선수를 분발하게 하는 것은 이 책의 열쇳
말인 '좋아하는 것'과 '잘하는 것'입니다.

당신을 자극하는 강렬한 '내재적 동기 부여'는 무엇인가
요? 알 수 없다면 지금 당장 찾아보시기 바랍니다.

학생이라면 '학습 모티베이션', 직장인이라면 '업무 모티베
이션'이 당신의 꿈을 이루기 위한 에너지의 원천일 수 있습
니다.

오타니 선수를 움직이게 하는 것은 '더 잘하고 싶다', '더 좋은 성적을 내고 싶다' 같은 단순한 생각들입니다. 성장 욕구와 진화 욕구는 지속성과 안정성에 있어서 이상적인 '내재적 동기 부여'라 할 수 있습니다.

언젠가 오타니는 다음과 같은 말을 한 적이 있습니다.

"여러 가지 패턴 중에 이것이 좋은지, 저것이 좋은지 하루에 한 개만 시도를 해봅니다. 한꺼번에 두 개는 하지 않아요. 그런 다음 이게 좋았어, 이건 어땠지 하면서 매번 시도해 보는 식이죠. 그걸 매일 아이패드에 기록하고 있습니다."

-《넘버웹 2020년 5월 7일》, 문예춘추

지금까지 할 수 없었던 일을 해내는 순간, 뇌에서는 도파민이라는 쾌감 호르몬이 다량으로 분비됩니다.

즉, '성취감'을 맛보면 또 다른 '성장 욕구'와 '진화 욕구'가 생겨나고, 그것이 눈앞의 일에 집중하는 몰입 모드를 만들어 내는 것입니다.

인류를 지금 수준으로 진화시켜 온 요인은 이 두 가지 욕구를 몸에 익힌 것과 관계가 있다고 생각합니다. 우리는 본래 성장에 욕심이 많은 동물입니다.

도파민과 보상 시스템

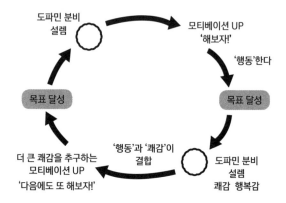

가바사와 시온,《뇌를 최적화하면 능력은 2배가 된다
(脳を最適化すれば能力は2倍になる)》를 참고해 작성

도파민을 주유하자

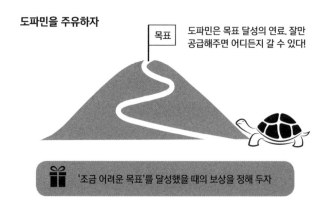

목표

도파민은 목표 달성의 연료. 잘만
공급해주면 어디든지 갈 수 있다!

'조금 어려운 목표'를 달성했을 때의 보상을 정해 두자 무언가를 성취했다는 쾌감은 강력한 모티베이션이 됩니다. 앞에서도 언급했지만, 2021년 시즌 오타니 선수가 달성한 기록은 메이저리그에서도 보기 드문 대기록입니다.

그리고 우리 또한 현재 어떤 일에 종사하고 있건 오타니가 맛본 쾌감을 경험할 수 있습니다.

저는 성취의 크기보다 빈도를 더 중요하게 생각합니다. 예를 들어, 제가 심리 상담을 맡고 있는 많은 프로 선수들에게 "큰 성취감을 일 년에 몇 번 맛보는 것보다 매일 작은 성취감을 맛봐야 한다."고 강조합니다.

'좋아하는 것'과 '잘하는 것'을 기준 삼아 매일 작은 성취감을 연결해 나간다면, 우리는 높은 수준의 모티베이션을 유지할 수 있습니다. 그 결과로 꿈을 이루거나 큰 성취를 이루게 될 수도 있습니다.

예를 들어 아마추어 골퍼인 당신이 골프 연습장에서 300개의 공을 쳐서 원하는 대로 멋진 샷을 연속으로 날렸다면, 이것은 훌륭한 '작은 성취'입니다.

또는 헬스클럽에서 1시간 동안 자신이 계획한 프로그램에 따라 운동했다면, 이 또한 훌륭한 '작은 성취'입니다.

그리고 이 작은 성취감을 글로 기록하는 것이 중요합니다. 어렵게 성취했음에도 그것을 글로 남기지 않는 것은 아까운 일입니다.

결론입니다. 일상에서 '좋아하는 것'과 '잘하는 것'을 기준으로 작은 성취감을 반복해서 맛보세요. 그것이 당신의 꿈을 실현할 수 있게 해줄 것입니다.

역경은
성공을 꽃피우게 한다

오타니 쇼헤이를 비롯한 일류 선수들의 공통점은 '역경에 대한 저항력'입니다. 순항 중일 때에는 일류 선수와 그렇지 않은 선수의 차이가 잘 드러나지 않습니다. 하지만 슬럼프가 오거나 패배했을 때 그 차이는 확연하게 드러납니다.

오타니 선수의 야구 인생은 순풍에 돛을 단 것처럼 보이지만 사실은 그렇지 않습니다. 2018년 시즌 후 받은 오른쪽 팔꿈치 수술과 고통스런 재활의 과정은 잘 알려져 있습니다. 뿐만 아니라 야구를 시작했을 때에도 시련을 겪었습니다.

오타니 선수는 초등학교 5학년 때부터 6학년 때까지는 전국 대회에 출전조차 하지 못했습니다. 소속 팀이 지역 대회에서 패배했기 때문입니다.

하지만 중학교 1학년 때 드디어 기회를 잡았습니다. 오타니가 주장이 되어 출전한 지역 대회에서 당당히 우승을 차지했고, 전국 대회에서도 16강에 진출했습니다. 이 시절에 대해 훗날 오타니 선수는 다음과 같이 말했습니다.

"좌절의 경험이 없으면 기쁨의 경험도 없다는 것을 그때 알게 됐습니다."

- 《불가능을 가능케 하는 오타니 쇼헤이의 120가지 생각》, 피아

역경을 딛고 일어선 후에 맛보는 성공의 과실이 우리에게 큰 기쁨을 가져다줍니다. 실망을 맛보거나 비참한 패배를 경험하는 게 반드시 나쁜 것만은 아닌 이유입니다.

미국 캘리포니아 대학의 살바토레 매디 박사는 구조조정을 당한 직장인 450명을 대상으로 '그 이후'를 조사했습니다. 3분의 2는 심장병, 우울증, 알코올 중독과 같은 안타까운 문제를 겪고 있었습니다. 일부는 스스로 목숨을 끊기도 했습니다.

그런데 나머지 3분의 1은 그런 징후를 보이지 않았습니다.

오히려 그들은 매우 건강한 삶을 누리고 있었습니다. 매디 박사는 이들의 공통점을 찾아보았고, 결과는 다음과 같았습니다.

① 자신이 처한 위치에서 최선을 다하며 타인을 돕고자 하는 마음이 강하다.
② 좋은 결과를 이끌어 낼 수 있는 힘을 가지고 있다고 믿는다.
③ 어려운 문제를 해결하려는 도전 정신이 넘쳐난다.

어려운 상황에 과하게 반응하면서 좌절할 것인지, 아니면 자신을 도약시키는 시련으로 여길 것인지에 따라 그 결과가 너무도 다릅니다.

역경 저항력을 높이는 또 다른 요소는 가만히 있지 말고 행동으로 옮기는 것입니다. 미국 일리노이 대학 심리학과 닐 리즈 박사는 '해보고 나서 하는 후회'보다 '해보지 않은 후회'가 훨씬 더 큰 후회이며, 그 후유증도 더 오래 간다는 사실을 밝혀냈습니다.

용기를 내어 행동을 취하시기 바랍니다. 설령 결과가 좋지 않더라도 그 행동을 기준 삼아 다시 행동에 나서면 반드시 성공할 수 있습니다.

후회할 시간이 있다면 과감하게 행동으로 옮기시기 바랍니다. 그래야 이 핑계 저 핑계로 행동하지 않는 사람보다 고민하지 않게 됩니다.

오타니 선수가 시련 속에서도 좌절하지 않고 계속할 수 있었던 이유는 그 자신의 '자기 효능감'이 매우 강했기 때문입니다. '자기 효능감'은 좌절과 실패를 겪으면서도 자신의 능력을 믿고 계속 노력하는 능력입니다.

다음 페이지에 있는 R. 슈왈츠 박사와 M. 예루살렘 박사가 만든 '자기 효능감 체크 리스트'를 활용해 점수를 매겨 보세요. 그리고 240페이지의 평가표로 자신의 자기 효능감 수준을 확인해 보세요.

오타니 선수처럼 역경에 부딪혀도 미래엔 나아질 거라 믿고 '좋아하는 것'과 '잘하는 것'을 무기로 삼아 주어진 상황에서 최선을 다해야 합니다. 이걸 꼭 기억해야 합니다.

자기 효능감 체크 리스트

다음 질문을 읽고 자신이 느끼는 정도에 따라 '매우 그렇다'(4)와 '매우 아니다'(1) 사이의 가장 적절한 숫자에 동그라미(○)로 표시해 주세요.

	예			아니오
01 충분히 노력하면 나는 항상 어려운 문제를 해결할 수 있다.	4	3	2	1
02 반대가 있더라도 나는 내가 원하는 방식과 방법을 찾을 수 있다	4	3	2	1
03 나는 반드시 내 목표를 달성할 수 있을 것 같다	4	3	2	1
04 예상치 못한 일이 발생해도 잘 처리할 수 있다는 자신감이 있다	4	3	2	1
05 나는 어려운 상황에 대응할 수 있기 때문에 예기치 못한 상황에도 대처할 수 있다	4	3	2	1
06 필요한 노력을 하면 대부분의 문제를 해결할 수 있다	4	3	2	1
07 나는 스트레스 대응 능력이 있어 어려운 상황에서도 침착하게 대처할 수 있다	4	3	2	1
08 나는 문제에 직면했을 때 몇 가지 해결책을 생각해 낼 수 있다	4	3	2	1
09 어려움에 빠졌을 때에도 좋은 해결책을 생각해 낼 수 있다	4	3	2	1
10 무슨 일이 있어도 나는 상황을 통제할 수 있다	4	3	2	1

합계 ( )( )( )( )

총점 (   )

자신의 자기 효능감을 파악하는 것은 매우 중요하다. 만약 점수가 낮다고 생각되면 의식적으로 자기 효능감을 높이기 위해 노력해야 한다.

Special
Column

오타니 쇼헤이와 만다라트

김외현

오타니 쇼헤이의 연관 검색어 상위권에는 '만다라트'(Mandal-Art, 또는 만다라 차트)가 반드시 있다. 그가 고등학교 때 작성한 계획표 한 장이 그의 빛나는 오늘을 만들었다는 수식이 따라붙는다.

사실 만다라는 우리에게 아주 낯선 개념은 아니다. 서점이나 문구점의 색칠 공부 섹션에 한자리를 거하게 차지하고 있기 때문이다. 일본 만화나 애니메이션 팬이라면 공포물이나 심령물에서 숱하게 본 그림 유형이기도 하다.

만다라는 원래 원을 뜻하는 산스크리트어 'Mandala'를 음역한 것이다. 우주나 신을 나타내는 기하학적 디자인을 가리키며, 불교와 힌두교 예술에서 흔히 볼 수 있다. 서점에 즐비한 만다라 컬러링북은 이 예술 작품에 관한 것들이다.

자기계발 도구가 된 만다라

만다라를 자기계발 및 경영 기법으로 사용하기 시작한 사람은 일본의 한 컴퓨터 제조사 직장인이었던 마쓰무라 야스오이다. 마쓰무라는 불교를 공부하다가 만다라를 응용한 만다라트 기법을 고안했다. 회사를 그만두고 만다라트를 이용한 경영 컨설팅을 시작한 그는 1984년에 지금도 시중에 판매되는 만다라트 수첩을 내놨고, 2008년에는 만다라트 학회를 만들어 체계적으로 이론을 정립해 왔다.

이를 스포츠에 도입한 지도자가 있었으니, 바로 오타니 쇼헤이의 출신 학교 하나마키히가시 고교 야구팀 감독 사사키 히로시였다. 사사키는 훗날 인터뷰에서 선수들이 스스로 꿈을 키우고 그걸 이루는 방법을 깨닫게 하기 위해 만다라트를 도입했다고 말했다. 사사키는 선수들이 저마다 자신의 만다라트를 직접 작성하게 했다.

오타니 쇼헤이도 고등학교 1학년이었던 2010년 12월 사사키의 만다라트 수첩 한 장을 받아서 자필로 빼곡히 채웠다. 책의 처음에서 잠시 소개한 것처럼, 오타니의 '최종 목표'는 프로야구 여덟 개 구단으로부터 드래프트 1순위 지명을 받는 것이었다. 이를 위해 '시속 160㎞', '몸 만들기', '제구', '구위', '멘탈', '인간성', '운' 등을 '세부 목표'로 잡았다. 여덟 개의 세부 목표는 다시 그걸 위한 '실천 사항'으로 둘러졌다. 실천 사항 중에는 오타니의 그 유명한 '쓰레기 줍기'도 포함돼 있다.

이렇게 만들어진 오타니의 만다라트는 사사키 감독과 오타니 사이의 중요한 약속이 됐다.

오타니의 만다라트는 2013년 2월 일본의 한 스포츠신문이 보도하면서 공개됐다. 당시 일본 프로야구의 닛폰햄 파이터스가 드래프트 1순위로 지명한 오타니가 화제가 됐기 때문이다. 신문은 오타니와 만다라트에 대해 "스스로 목표를 명확히 설정하고 그 목표를 향해 훈련을 쌓으며 반드시 달성해 왔다."고 적었다. 투수와 타자를 모두 우수하게 소화하는 '이도류' 오타니의 비결이 만다라트였다고 평가한 셈이다.

이후 오타니가 일본 프로 야구와 미국 메이저리그에서 화제가 될 때마다 만다라트도 명성을 더해갔다. 오타니의

오타니 쇼헤이의 만다라트(2010. 12. 6)

몸 관리	영양제 먹기	FSQ 90kg	인스텝 개선	몸통 강화	축 흔들지 않기	각도를 만든다	위에서부터 공을 던진다	손목 강화
유연성	몸 만들기	RSQ 130kg	릴리즈 포인트 안정	제구	불안정 없애기	힘 모으기	구위	하반신 주도
스테미너	가동력	식사 저녁 7공기 아침 3공기	하체 강화	몸을 열지 않기	멘탈 컨트롤	볼을 앞에서 릴리즈	회전수 증가	가동력
뚜렷한 목표·목적	일희일비 하지 않기	머리는 차갑게 심장은 뜨겁게	몸 만들기	제구	구위	축을 돌리기	하체 강화	체중 증가
핀치에 강하게	멘탈	분위기에 휩쓸리지 않기	멘탈	8구단 드래프트 1순위	스피드 160km/h	몸통 강화	스피드 160km/h	어깨 주변 강화
마음의 파도를 잠재우기	승리에 대한 집념	동료를 배려하는 마음	인간성	운	변화구	가동력	라이너 캐치볼	피칭 늘리기
감성	사랑받는 사람	계획성	인사하기	쓰레기 줍기	부실 청소	카운트 볼 늘리기	포크볼 완성	슬라이더 구위
배려	인간성	감사	물건을 소중히 쓰자	운	심판을 대하는 태도	늦게 낙차가 있는 커브	변화구	좌타자 결정구
예의	신뢰받는 사람	지속력	긍정적 사고	응원 받는 사람	책 읽기	직구와 같은 폼으로 던지기	스트라이크 볼을 던질 때 제구	거리를 상상하기

만다라트가 대중적으로 공개된 지 10년이 되지 않아 오타니는 메이저리그 최고의 선수가 됐다. 애초 목표였던 여덟 개구단 드래프트 순위 1위가 되지는 못했지만, 그보다 더한 것을 이뤄낸 것이다.

만다라트 작성법

그럼 만다라트의 실제 작성법을 알아보자. 만드는 방법이 어렵지 않다는 것은 만다라트의 크나큰 미덕이다.

① 3×3 표를 아홉 개 그려서 다음 페이지의 그림과 같이 배열한다.

② 정중앙 칸(검정)에 해결하려는 최종 목표(문제, 프로젝트 등)를 기입한다.

③ 가운데 3×3 표에서 정중앙 칸(검정)을 둘러싼 주변 여덟 칸(회색)에 최종 목표를 실현하기 위해 필요한 요소(세부 목표)를 적는다. 12시 방향부터 시계 방향으로 중요하다고 생각하는 순서로 기입한다.

④ 여덟 개의 세부 목표를 나머지 여덟 개의 3×3 표에 있는 가운데(회색)에 똑같이 옮겨 적는다.

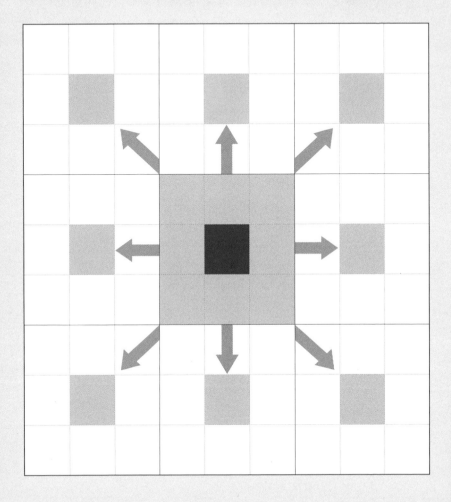

⑤ 각 세부 목표(회색)의 주변 여덟 개 칸(흰색)에 세부 목표를 실현하기 위해 필요한 요소를 적는다. 마찬가지로 12시 방향부터 시계 방향으로 중요하다고 생각하는 순서로 기입한다.

만다라트는 목표를 규정하고 실천 방안을 수립하는 데 유용하다. 오타니의 스승인 사사키 감독은 "목표가 사람을 이끈다."고 표현했다. 특히 최종 목표를 달성하기 위해 64개의 세부적인 실천 사항을 시각적으로 보여주므로, 일상의 매 순간을 의식적으로 보낼 수 있다. 게다가 자신이 부족하기에 보완해야 할 것들을 정리했고 우선순위를 매겨놨으므로 단계적 목표 설정이 가능해진다.

만다라트의 정중앙 칸(검정)에 들어가는 것은 '이루고 싶은 꿈'일 수도 있지만, '해결하고 싶은 문제'일 수도 있고, '평가하고 싶은 것'일 수도 있다. 각각의 경우, 꿈을 이루기 위한 만다라트, 문제 해결을 위한 만다라트, 평가 체크 리스트로서의 만다라트가 될 수 있다. 만다라트가 개인의 자기계발은 물론 기업 경영에도 활용되고 있는 배경이다.

이 밖에도 '전체와 부분의 관련성이 한눈에 보인다', '아이디어가 무궁무진하게 샘솟으면서 모아진다', '본질을 파악할 수 있다', '정보를 공유할 수 있다' 등의 특징이 만다라트의 장점으로 거론된다. 만다라트를 한 사람이 여러 개 작성하면서 일상의 모든 문제를 의탁하는 상담소로 활용하는 경우도 있다.

물론 하나의 목표를 위해 64개의 실천 방안을 생각해 내는 것이 쉬운 일은 아니다. 이와 관련해, 만다라트의 창시자 마쓰무라 야스오는 검정색은 줄기이고, 회색은 가지, 흰색은 잎이라고 비유한다. 줄기가 굵고 탄탄한 나무일수록 잎이 무성해지듯이, 어떤 일이 있어도 달성하고 싶은 절실한 목표일 때 만다라트 역시 풍성해진다는 뜻이다.

사실 이렇게 자세히 설명하는 게 구차하게 느껴질 정도로, 누구나 오타니의 만다라트를 보면 한눈에 곧장 이해할 수 있다. 그만큼 쉽고 직관적이다.

그리고 우리는 그 표를 보며 고등학교 1학년 청년의 진지함과 성실함에 감탄하게 된다. 당연하게도 만다라트가 오늘의 오타니를 만들어 준 전부일 리는 없다. 다만, 그의 재능을 꾸준히 재발견하면서 노력의 방향을 잡아준 것이 이 같은 구체적인 목표 설정이었을 것이라는 데, 누구도 이견이 없을 것이다.

그런 면에서 마쓰무라 야스오는 만다라트의 매력을 이렇게 설명한다.

"뇌는 전부 알고 있습니다. 다만 쓰이고 있지 않을 뿐입니다. 그래서 조금만 힌트를 주면 뇌는 폭발적인 위력을 발휘합니다. 뇌가 균형 있게 문제를 해결하도록 해주는 것이 만다라트입니다."

오타니처럼 잘되기

'강한 운'을 끌어당겨
마음먹은 대로 이루다

부정적인 일에도 긍정할 것이 반드시 있다

우리 삶에는 좋은 일도 나쁜 일도 일어납니다. 좋은 일이 생기면 그것은 당신이 자신감을 키울 수 있는 좋은 기회입니다. 그리고 좋지 않은 일이 발생하면, 그것은 당신이 도약할 수 있는 기회입니다.

그런데 안타깝게도 많은 사람들이 좋지 않은 일이 생기면 너무 민감하게 반응하고, 거기서 그저 빨리 벗어나려고 합니다. 하지만 그렇게 해서 얻을 것은 아무것도 없습니다.

오타니 쇼헤이처럼 소수의 성공한 사람들은 그 상황을 차분히 받아들이고 평정심을 유지한 채 돌파구를 찾습니다.

오타니 선수의 지금까지 커리어를 돌이켜 보면, 거듭되는 사고들이 그에게 시련을 안겨주었음을 알 수 있습니다.

대표적인 사례가 2018년 토미존 수술입니다. 2018년 9월 25일, LA 에인절스 구단은 오타니가 시즌 종료 후 10월 첫째 주에 오른쪽 팔꿈치 내측 측부인대 재건술토미존 수술을 받는다고 발표했습니다.

이로써 오타니의 이도류는 수술 후 18개월이 지난 2020년 시즌 이후에나 다시 볼 수 있는 상황이 됐습니다. 오타니는 수술 전의 갈등을 회상하며 다음과 같이 말했습니다.

"수술을 안 하는 것도 포함해서 여러 가지 방안을 제안 받았는데, 최종적으로 제가 결정을 내렸습니다. 물론 아쉬운 마음은 있지만, 보통 1년이나 반년은 경기에 출전할 수 없기 때문에, 제가 아직 기여할 수 있는 것타자이 있다는 것은 오히려 플러스 요인 아닌가 싶기도 해요. 어떻게든 팀에 보탬이 되도록 다시 열심히 하겠습니다."

— 《닛칸 스포츠 日刊スポーツ 2018년 9월 26일》, 닛칸스포츠신문사

투수로 복귀한 2020년 시즌, 코로나19 사태로 인한 시즌

단축으로 오타니는 단 두 경기에서 1과 3분의 2이닝밖에 던지지 못했습니다. 투수로서 아쉬움이 큰 시즌이었습니다.

우리의 인생에 좋은 일만 있는 것은 아닙니다. 오히려 좋지 않은 일이 더 많습니다. 좋은 일이 생기면 기뻐하고 좋지 않은 일이 생기면 낙담하면서, 모든 일에 지나치게 민감하게 반응하는 일희일비의 태도로는 발전하기 어렵습니다.

좋지 않은 일 속에는 반드시 우리를 도약으로 이끄는 힌트가 숨어 있습니다. 오타니 선수는 2018년 시즌 후 잡지 인터뷰에서 '2018년 시즌 후반에 인대에 상처가 있는데 타격에 지장이 없었나요?'라는 질문에 다음과 같이 답했습니다.

"네. 전혀 문제가 없었어요. 오른쪽 팔꿈치에 불편함 없이 타격을 할 수 있었기 때문에 걱정은 없습니다. 오히려 수술을 했으니 더 좋은 상태로 타석에 설 수 있을 것 같아서 기대가 큽니다."

- 《슈칸 베이스볼週刊ベースボール 2018년 12월 24일》, 베이스볼 매거진사

이 답변을 보면, 오타니 선수는 좋지 않은 일 가운데 숨어 있는 긍정적인 면을 찾아내는 데 천재라는 것을 알 수 있습니다.

다음 페이지에 '나를 긍정적으로 바꾸는 셀프 토크 방법' 이 나와 있습니다. 평소에 긍정적으로 자기 이야기를 하는 습관을 들이십시오. 좋은 소식들이 점점 더 많이 찾아올 것입니다.

나를 긍정적으로 바꾸는 셀프 토크 방법

바람직하지 않은 셀프 토크

① 자격시험에 떨어졌다. 더 이상 회복할 수 없다.
② 업무 문제로 상사와 말다툼을 했다. 이 부서에 있기가 힘들다.
③ 요즘 일이 재미없다. 나는 이 일이 적성에 맞지 않는다.
④ 영업이 안되서 단단히 혼이 났다. 이제 승진을 할 수 없다.
⑤ 앞으로의 업무 진행 방식을 발표했는데 거절당해서 우울해졌다.
⑥ 자녀 양육 문제로 아내와 싸웠다. 아내는 당분간 나와 대화를 하지 않을 것 같다.

바람직하지 않은 셀프 토크는 스스로에게 '저주'를 거는 것과 같다.

바람직한 셀프 토크

① 자격시험에 떨어진 원인을 분석하여 다음 시험에 대비하자.
② 내일은 솔직하게 사과하고 상사의 의도를 반영하여 업무를 해내자.
③ 결과가 좋지 않기 때문에 낙담한 것뿐이다. 성과를 내는 데 전력을 다하자.
④ 영업이 잘 안된 이유를 잘 분석해서 다시 도전해 보자.
⑤ 프레젠테이션 내용을 분석하여 업무 진행 방식을 개선하자.
⑥ 아내의 의견을 최대한 반영하여 화해하자.

선수들을 지도하며 실험해 본 결과, 바람직한 셀프 토크는 분명히 기분을 긍정적으로 만들어 주었다.

결국 원하는 것을 얻는
자기암시의 힘

"못한다고 단정 짓는 건 저 자신도 싫었어요. 투수로는 못한다고, 타자로는 못한다고 생각하는 것도 정말 싫었어요. 160km/h를 목표로 삼았을 때도 못한다고 생각하면 끝이라고 생각하며 3년을 달려왔습니다. 결국 160km/h를 던질 수 있게 된 것은 자신감이 생겼기 때문이라고 생각해요."

- 《오타니 쇼헤이 야구 소년 일본편 2013~2018》, 문예춘추

오타니 선수가 고등학교 시절을 돌이키며 했던 이야기입

니다.

'꿈이 이루어지지 않는다'고 한탄하는 사람들의 결정적인 문제점은 꿈을 이루고자 하는 욕망이 없다는 것입니다. '어퍼메이션Affirmation'을 스스로에게 계속 외치면 꿈은 이루어집니다. 어퍼메이션은 여러 가지로 번역되고 있지만, 저는 '확신 암시'라고 부릅니다.

안타깝게도 학교에서도 직장에서도 어퍼메이션의 힘에 대해 잘 가르쳐 주지 않습니다. 오타니 선수는 '160km/h의 공을 던진다!'라는 어퍼메이션의 힘을 믿고 노력했기에 목표를 달성할 수 있었습니다.

2016년 6월 5일 도쿄돔에서 열린 경기에서 일본 최고 구속인 시속 163km를 기록한 것을 회상하며 오타니는 다음과 같이 말했습니다.

"시속 163km는 목표를 하나 달성했다는 의미에서 좋은 경험을 한 것 같아요. 목표를 달성했을 때의 기쁨과 목표를 세웠을 때의 설렘을 떠올릴 수 있으니까요. 그런 경험 하나하나가 내 안에 쌓여가는 것 같아요."

- 《오타니 쇼헤이 야구 소년 일본편 2013~2018》, 문예춘추

오타니 선수의 머릿속에는 1년 365일, 항상 '시속 160km'

라는 숫자가 박혀 있었을 것입니다. '반복의 효과'를 과소평가해서는 안 됩니다. 목표를 의식하는 빈도가 높아질수록 그 목표가 실현될 확률은 높아집니다.

머릿속에 새기는 것은 목표 실현을 위한 필수 요소입니다. 단순히 외우는 것뿐만 아니라 '자주 보고', '자주 읽고', '자주 적는 것'이 꿈의 실현에 큰 도움이 됩니다. 소망을 확신으로 바꾸기 위해서는 '반복의 법칙'을 충실히 지켜야 합니다.

어퍼메이션은 '자신과의 대화'이기도 합니다. 이에 대해 저명한 계몽주의자 스티브 챈들러는 다음과 같이 말했습니다.

"대부분의 사람들은 스스로에게 질문하지 않는다. 자신의 목소리에 귀를 기울이는 대신 라디오를 듣거나, 텔레비전을 보거나, 소문을 듣거나, 다른 사람의 말과 생각으로 자신의 머리를 채운다. 하지만 남의 말만 들으면서 자신을 바꾸는 것은 불가능하다. 자신을 변화시키려면 자신과 대화하고 스스로 자신을 설득해야 한다."

- 《자신을 바꾸는 89가지 방법自分を変える89の方法》, 디스커버 투엔티원

다음과 같은 질문을 스스로에게 던지며 대화해 보세요.

"내 삶을 더 풍요롭게 하기 위해서는 무엇을 준비하면 좋을까?"

"내가 이루고 싶지만 아직 이루지 못한 가장 큰 꿈은 무엇일까?"

"내 인생을 더욱 보람차게 바꿀 수 있는 가장 큰 무기는 무엇일까?"

다음 페이지에 '목표 설정 체크 리스트'가 있습니다. 1주일 단위로 이 시트에 행동 목표를 작성하고, 그것을 '자주 보고', '자주 읽고', '자주 적는' 것이 당신의 꿈을 실현하는 데 도움이 될 것입니다.

목표 설정 체크 리스트

날짜 20   년   월   일

목표 선언

나는 어떤 일이 있어도   년   월   일까지

을 실현한다

이번 주의 행동	**달성도**
1	%
2	%
3	%
4	%
5	%
6	%
7	%

목표 달성 점수(100점 만점)   점

오타니가 '불운'과 '실패'를 이용하는 방법

오타니 쇼헤이 선수는 스스로 어려운 상황을 즐기는 것 같다는 생각도 듭니다. 여러 차례 시련이 찾아왔지만, 낙심하지 않고 시련을 발판 삼아 도약하는 모습을 계속해서 보여주었기 때문입니다.

대표적인 예가 고등학교 2학년 여름, 이와테현 대회 직전에 왼쪽 다리의 골단선_{뼈끝선} 부상을 입었을 때일 것입니다. 다리를 벌릴 수 없을 정도로 심각한 부상이라는 진단을 받았습니다.

부상 이후 오타니 선수는 그해 공식 경기에 타자로는 출전했지만, 마운드에 오를 수는 없었습니다. 당시를 회상하며 오타니는 다음과 같이 말했습니다.

"그 시기가 힘들다고 생각한 적은 없지만, 해야 할 일이 많았어요. 선발전 출전 가능성도 있었기 때문에 그때까지 좋은 컨디션으로 경기를 할 수 있도록 준비해야겠다는 생각으로 겨울을 보냈습니다."

- 《길을 열어 바다를 건너는 오타니 쇼헤이의 맨얼굴》, 후소샤

사실 이 부상이 이도류의 계기가 되었습니다. 그해 겨울 오프 시즌, 오타니는 투구를 할 수 없었기 때문에 타격 연습에 몰두하게 됩니다. 즉, 이 부상이 없었다면 타격 연습에 시간을 할애할 일도 없었을 것이고, 이도류가 세상에 나올 일도 없었습니다.

이에 대해 하나마키히가시 고등학교의 사사키 히로시 감독은 다음과 같이 말했습니다.

"본인의 야구 인생에 있어서, 그 시기에 괴력을 발휘한 것이 그 후의 미래를 바꿨다고 해도 좋을 것 같습니다. 2012년 선발전 전 타격을 봤을 때, '타구가 이렇게까지 날아가나'라는 생각이 들 정도로

끝없이 공을 날리고 있었어요. 그 기간의 연습은 '타자 오타니 쇼헤이'의 기초를 다지는 중요한 시기였다고 생각합니다."

- 《길을 열어 바다를 건너는 오타니 쇼헤이의 맨얼굴》, 후소샤

순조로운 시기에는 소수의 성공한 사람들과 나머지 많은 사람들 사이에 별다른 차이를 발견할 수 없습니다. 하지만 불운이 닥쳤을 때, 두 집단은 결정적인 차이를 보입니다. 즉, 실패를 어떻게 받아들이느냐 하는 지점에서 두 집단은 결정적으로 갈라집니다.

성공하는 사람들은 불운이 닥쳤을 때, 주어진 상황을 있는 그대로 받아들이고, 동기 부여를 일으켜서 그 순간에 할 수 있는 일을 제대로 해냅니다.

그렇지 못한 많은 사람들은 작은 실패에 쉽게 좌절하고 동기를 잃어 행동을 멈춥니다.

저명한 계몽주의자 나폴레옹 힐은 다음과 같이 말합니다.

"모든 부정적인 사건은 그것과 동등하거나 그보다 더 큰 행운의 씨앗을 포함하고 있다."

소수의 성공한 사람들은 안 좋은 일이 닥쳐도 "이것은 하나의 시련일 뿐이다! 이 역경을 이겨내면 나는 성장할 수

있다!"라고 긍정적으로 생각합니다. 거기서 성장의 힌트를 얻고 실력으로 승화시키는 전화위복의 역량까지 갖추고 있습니다.

물론 오타니 선수와 같은 일류도 좋지 않은 일이 생기면 불안할 것입니다. 하지만 인생 전체를 조망했을 때, 그 불안은 사소하고 별것 아닐 수 있습니다.

다음 페이지에 '정신적 강인함 체크 리스트'가 있습니다. 이를 통해 주기적으로 자신의 정신적 강인함의 수준을 체크해 보세요. 그리고 240페이지의 평가표에서 점수를 확인하세요. 그것만으로도 역경을 극복할 수 있는 능력을 조금씩 키울 수 있습니다.

다음 중 해당되는 항목에 ○, 해당되지 않는 항목에 X를 표시해 주십시오.

01 (　　) 직장에서 감정이 상하는 일이 있어도 평온한 태도를 취할 수 있다.

02 (　　) 어려운 일이 있어도 당황하는 일은 거의 없다.

03 (　　) 일이 잘 안 풀려도 포기하지 않는다.

04 (　　) 좋지 않은 일이 있어도 빨리 회복할 수 있다.

05 (　　) 나는 끈기 있는 성격이다.

06 (　　) 나는 매우 낙천적인 사람이다.

07 (　　) 항상 규칙적인 생활을 하고 있다.

08 (　　) 일뿐만 아니라 노는 것에도 최선을 다한다.

09 (　　) 나는 평소에 활기차게 행동하려고 노력한다.

10 (　　) 약간의 스트레스를 받아도 괜찮다.

11 (　　) 감기나 독감에 잘 걸리지 않는다.

12 (　　) 항상 자신감이 넘친다.

13 (　　) 낯가림이 심하지 않아 처음 보는 사람과도 부담 없이 대화할 수 있다.

14 (　　) 나는 유머 감각이 있다고 생각한다.

15 (　　) 몸과 마음을 항상 최상의 상태로 유지하려고 노력한다.

우선 자신의 정신적 강인함의 수준이 어느 정도인지 객관적으로 파악하는 것이 중요하다. 만약 그 수준이 낮다고 판단되면, 테스트 항목에서 '○'를 받을 수 있도록 행동 패턴을 몸에 익히자.

1 멘탈이 약한 사람은 멘탈이 강한 사람에 비해 1.26배나 우울감에 시달린다.

2 멘탈이 약한 사람은 멘탈이 강한 사람에 비해 1.6배, 불안장애에 시달린다.

3 멘탈이 약한 사람은 멘탈이 강한 사람에 비해 1.32배, 담배에 의존하기 쉽다.

4 멘탈이 약한 사람은 멘탈이 강한 사람에 비해 1.32배 더 죄책감을 느끼기 쉽다.

5 멘탈이 약한 사람은 강한 사람에 비해 1.45배 더 많이 실직한다.

좋지 않은 상황에서도
스스로를 격려하라

오타니 쇼헤이 선수는 매우 낙천적인 사람입니다. 같은 실력을 가진 타자라도 '삼진아웃을 당할지도 모른다'는 불안감으로 타석에 들어서는 타자와 '반드시 안타로 만들어 주겠다'는 투지를 불태우며 상대 투수를 노려보는 타자를 비교했을 때, 어느 타자가 안타를 칠 확률이 더 높을까요? 말할 필요도 없겠지요.

많은 사람들이 낙관주의와 비관주의의 정의를 잘못 이해하고 있습니다. 낙관주의자는 '좋지 않은 일이 생겨도 정신적으로 괴로워하지 않는 사람' 또는 '나쁜 상황을 잘 헤쳐 나가는 사람'이라고 해석하지만, 더 중요한 것은 생각보다 잘 알려져 있지 않습니다.

낙관주의자란 '어떤 상황에서도 있는 그대로를 받아들이고, 위기의 상황에서도 평상심을 유지하며 그 해결에 최선을 다하는 사람'을 말합니다.

고등학교 2학년 여름에 입은 부상으로 이듬해 봄까지 투수 연습을 할 수 없게 되었을 때에도 오타니 선수는 전혀 좌절하지 않았습니다. 이 시기를 두고 사사키 히로시 감독은 다음과 같이 말했습니다.

"골단선을 다쳤기 때문에 그 시기에는 어쨌든 잠이 중요하다고 해서 연습을 일찍 끝내고 잠을 많이 자게 했어요. … 그 시기에 천천히 쉬면서 탄탄하게 몸을 만들었기 때문에 생긴 육체의 변화가 시속 160km와 무관하지 않았다고 생각해요."

- 《길을 열어 바다를 건너는 오타니 쇼헤이의 맨얼굴》, 후소샤

철저하게 긍정적인 사고의 소유자였던 사사키 감독 밑에서 재활에 매진할 수 있었던 오타니는 운이 좋은 선수였습

니다.

좋지 않은 상황에서도 긍정적인 요소를 찾아내어 스스로를 격려하는 것이 낙관주의자의 공통점입니다.

낙관주의자와 비관주의자는 같은 대상을 보더라도 시각이 근본적으로 다릅니다.

가령 도넛을 보더라도 낙관주의자는 도넛 본체 부분을 보지만, 비관주의자는 가운데 구멍을 봅니다. 그리고 거기서 시선을 떼지 못한 채 "여기엔 아무것도 없어!"라고 외치며 슬퍼합니다.

즉, 상황이 나빠서 낙관주의자와 비관주의자가 나뉘는 게 아니라, 상황을 바라보는 시각의 차이가 결정적인 차이를 만들어 냅니다.

바라보는 시각이 양자를 가르는 만큼, 마음만 먹으면 의외로 쉽게 비관주의자에서 낙관주의자로 탈바꿈할 수 있습니다. 그러기 위해서는 좋지 않은 표현을 좋은 표현으로 바꾸는 기술을 익혀야 합니다.

자신에게 좋은 일이 일어날 거라고 기대하는 사람일수록 '운이 좋은 사람'이 된다는 데이터가 있습니다.

'행운'에 관한 연구로 유명한 리처드 와이즈먼 박사의 '행운 테스트'는 네 개의 질문으로 구성되어 있습니다.

다음 페이지에 제시된 질문에 답하고, 정도에 따라 '매우 그렇다'와 '매우 아니다' 사이의 가장 적절한 숫자를 답변란에 기입해 주세요. 그리고 페이지 하단의 그래프와 비교하여 자신이 '운이 좋은 사람', '운이 중간인 사람', '운이 나쁜 사람' 중 어느 쪽에 해당하는지 체크해 보세요.

불안의 원인을 냉정하게 탐색하고 해결책을 찾는 것도 중요합니다. 하지만 그뿐 아니라, 좋지 않은 일이 일어나더라도 나중에 "그 일이 나에게 플러스가 되었구나!"라고 말할 수 있도록 최선을 다해야 합니다. 그러면 당신도 소수의 성공한 사람이 될 수 있습니다.

아래 4개의 질문에 '전혀 그렇지 않다'(1점)부터 '매우 그렇다'(5점)까지 자신이 느끼는 정도에 따라 1~5의 숫자를 □ 안에 기입하고, 그 합계를 4로 나누어 평균을 내주세요.

Q1   자신에게 일어난 일은 무엇이든 좋은 쪽으로 생각하려고 한다   □

Q2   나쁜 일도 장기적으로 봤을 때 플러스가 된다고 믿는다   □

Q3   잘 안된 일도 너무 끙끙대며 생각하지 않는다   □

Q4   실패로부터 배우려고 한다   □

평균 점수 _____

각 항목의 점수를 비교하여 자신이 '운이 좋은 사람'인지, '중간 정도'인지, '운이 나쁜 사람'인지 판단해 보세요.

'행운 테스트' 평균 점수

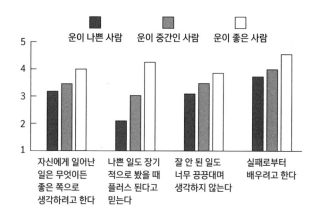

리처드 와이즈먼, 《운이 좋은 사람의 법칙(運のいい人の法則)》에서 인용

Rule 27

완벽주의자보다
최선주의자가 되자

심리학에서는 인간을 두 가지 유형으로 분류합니다. 바로 '완벽주의자'와 '최선주의자'입니다.

앞서 한 번 소개한 말이지만 중요한 내용이라 다시 한번 인용합니다. 오타니 쇼헤이 선수는 다음과 같이 말했습니다.

"실전에서 정답을 맞힐 수는 없어도 훈련 과정에서 정답을 맞힐 수 있고, 이런 느낌으로 좋지 않았던 것, 좋았던 것이 매일 나옵니다. 오늘도 있었어요. 그걸 내일은 어떻게 해볼까 생각해 보고, 그걸 다음 날 시도해 봅니다. 계속 반복하는 거죠. 그렇게 해서 조금씩 성장해 나가는 것 같아요."

- 《넘버웹 2020년 5월 7일》, 문예춘추

이 말에서 오타니 선수가 최선주의자라는 것을 알 수 있습니다. 완벽주의자는 모든 것이 완벽하지 않으면 용서할 수 없기 때문에 항상 스트레스를 받습니다. 그러다 보니 완벽주의에 빠지면 일에 흥미를 잃게 됩니다.

일이라는 것은 아무리 노력해도 완벽하게 마무리하는 것이 불가능합니다. 하지만 완벽주의자들은 완벽하지 않으면 일을 끝냈다고 인정하지 않기 때문에 95퍼센트 완성된 작업도 불완전한 것으로 여깁니다. 그러면서 나머지 5퍼센트까지 완벽하게 끝내기 위해 많은 시간을 소모합니다. 그러면 아무리 시간이 많아도 부족합니다.

반면에 최선을 다하는 사람들은 '80퍼센트가 완성되면 됐어'라고 생각합니다. 이들은 시간에 대한 감각이 매우 예민합니다. 그래서 많은 일들을 빠르게 처리합니다.

실패에 대한 내성에서도 최선주의자는 회복이 빠릅니다. 최선을 다하는 사람은 실패하더라도 의욕을 잃지 않고 최선을 다하는 데 힘을 쏟습니다. 반면에 완벽주의자는 결과에 집착합니다. 결과가 조금이라도 만족스럽지 못하면 불평불만을 품고 스트레스를 받습니다.

마음의 여유가 없으면 자신이 가진 능력을 충분히 발휘할 수 없습니다. 닛폰햄 파이터스 시절 오타니 선수는 다음과 같이 말했습니다.

"우선은 내 스타일대로, 내가 가장 잘 던질 수 있는 공을 던지면 어떤 타자도 맞히지 못한다는 식으로 생각하는 것이 중요하죠. 상대의 실력을 파악한 후, 스스로에 대해서도 이해하면서 던지는 겁니다. 그렇게 하면서 내 최고의 플레이가 나오지 않을까 기대합니다."

- 《오타니 쇼헤이 야구 소년! 일본편 2013~2018》, 문예춘추

이번 장의 마지막 페이지에서 '완벽주의자'와 '최선주의자'의 사고방식을 비교해 보았습니다. 완벽주의자는 자신뿐 아니라 타인에게도 엄격하게 대합니다. 실수를 하거나 결과가 좋지 않을 때 자신을 탓할 뿐만 아니라 주변 사람들에게도 책임 유무와 반성 여부를 묻습니다.

반면에 최선주의자는 모든 일에 관대하고 넓은 마음을 가지고 있습니다. 자신의 행동에 실수나 실패가 따르는 것은 당연한 일이기 때문에 일희일비하지 않습니다.

하단에는 '완벽주의자'와 '최선주의자'의 '목표까지 거리 예측법의 차이'를 설명하는 이미지가 있습니다.

'완벽주의자'는 최단거리로 목표에 도달하는 것밖에 생각하지 않습니다. 그래서 조금만 예상치 못한 일이 생기면 바로 당황합니다. 반면에 '최선주의자'는 산이 있고, 골짜기가 있고, 우여곡절이 있을 것을 항상 예상하기 때문에 돌발 상황이 발생해도 여유 있게 대처합니다.

완벽주의자	최선주의자
목표까지의 길은 직선	목표까지의 길은 불규칙한 나선
실패를 두려워함	실패는 피드백(Feedback)
목표만이 중요	목표도, 그에 이르는 과정도 중요
전부 아니면 전무(All or Nothing)	미묘한 차이나 복잡함도 중요하게 여김
자기 방어적	충고나 조언을 수용함
상대의 나쁜 점을 찾아냄	상대의 좋은 점을 찾아냄
엄격함	너그러움
경직되고 정적임	융통성 있고 동적임

목표까지 거리 예측법의 차이

완벽주의자의 예측

최선주의자의 예측

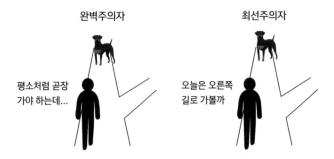

완벽주의자

최선주의자

평소처럼 곧장
가야 하는데...

오늘은 오른쪽
길로 가볼까

탈 벤 샤하, 《최선주의가 길을 개척한다(最善主義が道を拓く)》에서 인용

진짜 긍정의 힘은
무엇일까

최근 '포지티브 심리학'이 각광을 받고 있습니다. 하지만 너무 긍정적인 생각에만 치우치는 것도 위험합니다.

2020년 한 잡지 인터뷰에서 '위기의 순간에 기분을 긍정적으로 전환하는 방법'을 묻는 질문에 오타니 쇼헤이 선수는 다음과 같이 말했습니다.

"그럴 땐 긍정적으로 생각하려고 하지 않습니다. 모든 일에는 균형이 있다고 생각하기 때문에 좋은 일도 있고 나쁜 일도 있어요. 의식적으로 좋은 것을 생각하는 것은 중요하지만, 항상 긍정적으로만 생각하려고 하지는 않아요."

- 《넘버 2020년 5월 21일》, 문예춘추

'사실과 상황을 있는 그대로 받아들이고 최선을 다하는 것'이 오타니 선수의 놀라운 퍼포먼스를 발휘할 수 있는 에너지의 원천입니다. 저명한 심리학자인 바버라 프레드릭슨 노스캐롤라이나 대학 교수는 자신의 저서에서 '긍정적 사고'에 대해 다음과 같이 말합니다.

"애초에 긍정성이란 무엇일까요. 긍정성은 '웃으면서 견뎌내자', '걱정하지 말자. 항상 기분 좋게 지내자'와 같은 표어가 아닙니다. 그런 것들은 그저 피상적인 이상일 뿐입니다. 긍정성은 인간 심리의 더 깊은 곳에 흐르는 것으로 감사, 애정, 즐거움, 기쁨, 희망, 감동 등 다양한 감정입니다."

- 바버라 프레드릭슨, 《내 안의 긍정을 춤추게 하라 Positivity 》

이 세상은 좋은 일보다 좋지 않은 일로 넘쳐납니다. 사실 언론에 보도되는 일은 좋지 않은 일들이 압도적으로 많습니다.

하지만 그 속에서 좋은 것을 의식하고 긍정적인 기분으로 마음을 채우는 것은 매우 중요한 일입니다.

왜냐하면 긍정적인 마음을 가지면 '기분이 좋아지기' 때문입니다. '기분이 좋다'는 정신 상태는 좋은 결과를 만들어 냅니다. 스포츠의 세계에서도 선수들의 '기분'에 따라 결과가 크게 좌우됩니다.

저는 현재 프로 골퍼 여섯 명의 심리 상담을 맡고 있는데, 그들에게 입버릇처럼 되풀이하는 조언이 있습니다. "대회에 나가서 기분 좋게 플레이하라. 그래야 좋은 스코어를 낼 확률이 높아진다."는 이야기입니다.

스포츠는 '분위기'가 승부를 결정짓는 경우가 많습니다. 오타니 선수도 기분 좋게 타석에 들어서면 홈런을 칠 확률이 높아지고, 기분 좋게 마운드에 오르면 승리 투수가 될 확률이 높아집니다.

하지만 마음속을 항상 긍정적인 감정으로 채우는 것이 무조건 이상적인 것은 아닙니다. 프레드릭슨 박사도 이 점을 지적합니다.

"목표는 부정적인 감정을 줄이는 것이지 없애는 것이 아닙니다. 때로는 부정적인 감정을 갖는 것이 당연하고, 그것이 도움이 되는 경우도 있습니다. 예를 들어, 소중한 사람을 잃었을 때의 슬픔, 불의와 싸우기 위한 분노, 자신이나 자녀에게 해가 될지도 모른다는 두려움 등은 올바른 부정적인 감정이며, 유익합니다."

— 바버라 프레드릭슨,《내 안의 긍정을 춤추게 하라》

프레드릭슨 박사는 "긍정과 부정의 비율이 3:1일 때 우리의 기분은 최고조에 달한다."고 말합니다. 즉, 이 황금비율을 유지하면 우리는 가장 좋은 기분으로 살아갈 수 있습니다.

다음 페이지에는 프레드릭슨 박사가 개발한 '긍정성 비율 자가 진단 테스트'가 있습니다. 반드시 현재의 자신을 점수화해서 241페이지의 평가표로 평가해 보시기 바랍니다. 당신의 심리적인 성향이 어떤지 한눈에 파악할 수 있습니다.

지난 한 주를 돌아보며 다음 각각의 감정을 가장 강하게 느낀 정도를 '0~4'의 숫자로 답해 주세요.

0 = 전혀 못 느꼈다   1 = 조금 느꼈다   2 = 중간 정도 느꼈다
3 = 꽤 느꼈다   4 = 강하게 느꼈다

① 재미있음, 유쾌함, 웃김
② 분노, 짜증, 불쾌감
③ 수치심, 굴욕감, 면목 없음
④ 경외감, 위협, 경탄
⑤ 경멸, 비하, 무시당함
⑥ 혐오, 증오, 심한 불쾌감
⑦ 부끄러움, 남의 시선이 신경 쓰임, 얼굴이 붉어짐
⑧ 감사, 고마움, 기쁨
⑨ 죄의식, 후회, 자책감
⑩ 미움, 불신, 의심
⑪ 희망, 낙관, 용기
⑫ 고무, 고양, 활기참
⑬ 흥미, 강한 관심, 호기심
⑭ 기쁨, 즐거움, 행복
⑮ 애정, 친근감, 신뢰
⑯ 자부심, 자신감, 자신에 대한 믿음
⑰ 슬픔, 낙담, 불행
⑱ 두려움, 공포, 무서움
⑲ 편안함, 만족감, 평온함
⑳ 스트레스, 긴장, 중압감

바버라 프레드릭슨, 《내 안의 긍정을 춤추게 하라》에서 인용

부정적인 감정이 많더라도 그보다 긍정적인 감정이 더 많으면 균형을 잡을 수 있다. 만약 부정적인 것이 많아진다면, 긍정적인 것을 늘리도록 노력하자.

Game 05

오타니처럼 바로 보기

자신을 제대로 아는 것이
성공을 앞당긴다

아무도 당신의 성공을 바라지 않는다

고등학교 시절 오타니 쇼헤이 선수가 가장 집착했던 것 중 하나는 '투구 속도'였습니다. 하나마키히가시 고등학교 야구부의 사사키 히로시 감독은 오타니 선수의 구속이 시속 150km에도 미치지 못할 때부터 '시속 160km'를 목표로 하라는 지시를 거듭했다고 합니다.

이에 대해 사사키 감독은 다음과 같이 말했습니다.

"가령 시속 160km의 공을 던진다는 이미지가 없다면 절대 거기까지 도달할 수 없습니다. 할 수 있다고 생각하기 때문에 열심히 하는 거죠. 중간에 뚜껑을 닫거나 한계를 만들어 버리면 자신의 가능성을 펼칠 수 없어요."

- 《길을 열어 바다를 건너는 오타니 쇼헤이의 맨얼굴》, 후소샤

고등학교 3학년 때 오타니 선수는 사사키 감독으로부터 '선입견은 가능한 것도 불가능하게 만든다'는 말을 배웠습니다. 전설적인 복서 무하마드 알리가 한 말입니다. 그때를 떠올리며 오타니 선수는 다음과 같이 말합니다.

"고등학교 감독님과의 미팅에서 들은 말인데, 시속 150km를 던지고 싶었는데 시속 160km를 목표로 하라고 해서 처음엔 무리인 줄 알았어요. 하지만 하다 보니 점점 감이 잡히기 시작했고, 언젠가는 할 수 있을 것 같다는 생각이 들었어요. 스스로 불가능하다고 생각했다면 못했을 것 같아요. 그래서 뭐든지 처음부터 불가능하다고 단정 짓지 말자고 생각했어요."

- 《오타니 쇼헤이 야구 소년! 일본편 2013~2018》, 문예춘추

많은 사람들이 선입견에 사로잡혀 잘못된 행동을 선택합니다. 저는 제가 담당하고 있는 프로 골퍼들에게 신신당부합니다. "주변 사람들의 의견이나 SNS에 떠도는 정보를 쉽게

믿으면 선입견이 생긴다. 그러면 그것이 당신의 꿈을 이루는 데 방해가 된다. 그러니 매사에 자신의 머리로 생각하는 습관을 길러야 한다."

시중에 떠도는 정보는 의심해 봐야 합니다. 그뿐 아니라 자신의 머리로 생각하는 습관을 길러야 합니다. 그래야 선입견에 사로잡히는 일이 줄어듭니다.

일류 선수들은 '신념'에 따라 행동합니다. 오타니 선수는 주변 사람들의 의견에 귀를 기울이고 이를 자신의 마음속에 담아두지만, 최종적으로 자신의 미래를 향한 행보는 스스로 결정합니다.

무엇보다 '아무도 나를 도와주지 않는다'는 각오를 가져야 합니다. 이 말은 조금은 무섭게 들릴 수도 있습니다. 하지만 결국은 당신 자신을 가장 잘 아는 사람은 당신뿐이기 때문에 스스로 결정해야 합니다.

이 결심을 통해 마음속에 진정한 '신념'이 생겨납니다. 아무도 도와주지 않는다는 것은 당신이 이미 충분한 힘을 가지고 있다는 증거이기도 합니다.

당신은 꾸준히 성장할 수 있습니다. 당신은 더 강해질 수 있습니다. 그리고 당신은 스스로의 힘으로 행복을 쟁취할 수 있습니다. 모두 '신념'이 그렇게 만들어 주는 것입니다.

'나를 행복하게 하는 것은 무엇인가?'에 대해 진지하게 생각해 보십시오.

긍정심리학의 권위자인 미시간 대학 크리스토퍼 피터슨 박사는 '행복 체크 리스트'를 개발해 주목을 받았습니다. 다음 페이지의 체크 리스트에 점수를 매기고 241페이지의 평가표로 평가해 보세요.

'쾌감', '열정', '의미', '승리' 등 네 가지 요소를 추구하면 오타니 선수처럼 알찬 삶을 살 수 있습니다.

다음 각 항목에 대해 자신이 생각하는 정도에 따라 1부터 5까지 숫자로 응답해 주십시오.

매우 그렇다 : 5   어느 정도 그렇다 : 4   조금 그렇다: 3
별로 그렇지 않다: 2   전혀 그렇지 않다 : 1

① (   ) 내 인생에는 더 높은 목표가 있다.
② (   ) 인생은 짧기 때문에 즐거움을 뒤로 미룰 수 없다.
③ (   ) 나의 기술이나 능력을 테스트할 수 있는 상황을 찾고 있다.
④ (   ) 내가 제대로 살고 있는지 항상 확인하고 있다.
⑤ (   ) 일할 때나 놀 때나 '존에 들어가는' 경우가 많아 스스로를 의식하지 않는다.
⑥ (   ) 내가 하는 일에 항상 엄청나게 몰두한다.
⑦ (   ) 주변에서 일어나는 일에 주의가 산만해지는 일이 거의 없다.
⑧ (   ) 나에게는 세상을 더 나은 곳으로 만들 의무가 있다.
⑨ (   ) 나의 삶에는 지속적인 의미가 있다.
⑩ (   ) 무슨 일을 하든 내가 승리하는 것이 중요하다.
⑪ (   ) 무엇을 해야 할지 선택할 때, 그것이 즐거운 일인지 항상 고려한다.
⑫ (   ) 내가 하는 일은 사회에 의미 있는 일이다.
⑬ (   ) 다른 사람보다 더 많은 것을 성취하고 싶다.
⑭ (   ) '인생은 짧다, 많이 즐기자'라는 말에 동의한다.
⑮ (   ) 나의 감각을 자극하는 것을 매우 좋아한다.
⑯ (   ) 경쟁하는 것을 좋아한다.

- 쾌감 추구에 관한 항목   ② ⑪ ⑭ ⑮   점수 합계 (   )점
- 열정 추구에 관한 항목   ③ ⑤ ⑥ ⑦   점수 합계 (   )점
- 의미 추구에 관한 항목   ① ⑧ ⑨ ⑫   점수 합계 (   )점
- 승리 추구에 관한 항목   ④ ⑩ ⑬ ⑯   점수 합계 (   )점

점수 합계 (   )점

총점 (   )점

크리스토퍼 피터슨, 《긍정심리학 프라이머(A Primer in Positive Psychology)》에서 인용

네 개 항목 중 가장 높은 점수를 받은 항목이 나의 주요 지향성이다. 총점이 높을수록 삶의 만족도가 높다고 할 수 있다.

Rule 30

회복력은 잘 먹고 잘 자는 것에서 시작한다

수면, 운동, 식습관은 건강한 일상생활을 영위하는 데 있어 가장 중요한 요소입니다. 특히 프로 선수들은 '수면'과 '식사'를 이상적으로 하는 것이 필수입니다.

오타니 쇼헤이 선수는 비시즌에 하루를 보내는 방법에 대해 이렇게 말합니다.

"아침 7시 정도에 일어나서 밥을 먹고 9시 정도에 나옵니다. 9시부터 하는 날도 있고, 10시부터 운동을 하는 날도 있습니다. 대체로 그 정도부터 움직이기 시작해요. … 2시, 3시 정도에 돌아와서 점심 먹고, 조금 자고. 저녁 먹고, 천천히 쉬고, 잠을 자고. 매일 그런 게 반복되죠."

- 《세이코 SEIKO 인터뷰》 중에서

펜실베니아 대학의 수면 관련 연구에 따르면, 6시간 수면을 14일 동안 지속하면 이틀 동안 완전히 밤을 새운 것과 같은 수준의 집중력 저하를 초래하는 것으로 나타났습니다.

수면 부족은 여러 가지 심각한 질병에 걸릴 위험을 증가시킵니다. 수면이 부족한 사람은 그렇지 않은 사람에 비해 암에 걸릴 위험이 여섯 배, 뇌졸중 위험이 네 배, 심근경색 위험이 세 배 높다고 합니다.

많은 직장인들이 만성적인 수면 부족에 시달리고 있습니다. 수면 부족으로 인한 '수면 부채'를 주말 10시간의 수면으로 어느 정도 보충할 수 있다는 것은 기억해 두면 좋은 상식입니다.

그리고 식사에 대해 오타니는 이렇게 말합니다.

"예를 들어 오트밀과 백미, 현미, 파스타가 있다고 가정했을 때, 그 사람에게 맞는 탄수화물이 있어요. 그것을 여러 가지로 시도하고 있어요. 맛의 유무가 아니라 근육의 긴장감이나 체중의 변화 등을 보면서, 장기적으로 주식을 오트밀로 대체하면 어떨까 하는 식으로 실험을 하고 있습니다."

- 《넘버웹 2020년 5월 7일》, 문예춘추

자신에게 가장 좋은 음식을 섭취하는 습관을 기르는 것은 건강한 일상생활을 영위하는 데 핵심적인 요소입니다. 예를 들어 미국 국립암연구소에서는 암 예방 효과가 있는 식품으로 '마늘', '양배추', '샐러리', '생강' 등을 제시합니다.

이러한 음식군을 당신의 식생활 속에서 적극 섭취하는 습관을 들이면 암에 걸릴 위험을 확연히 줄일 수 있습니다.

이 장의 마지막 페이지에 제시한 것은 저의 스포츠 심리학 스승이신 짐 레이어 박사가 개발한 '회복력 체크 리스트'입니다. 그의 업적 중 하나는 '회복'에 대한 관심을 불러일으킨 것입니다.

저는 업무나 학업에서 뛰어난 성과를 내기 위해서는 끊임없는 노력뿐만 아니라, 휴식 시간에 심신의 에너지를 보충하는 것이 중요하다고 생각합니다.

체크 리스트에 대해 간단히 설명하겠습니다. 이 용지는 일주일에 한 장씩 사용합니다. 점수를 매기고 241페이지에 있는 평가표로 평가해 보세요.

모니터링을 통해 최상의 심리 상태에 민감하게 반응하고, 휴식 시간에 심신의 에너지를 최대한 많이 충전하기 바랍니다.

체크 리스트를 작성하기 시작한 지 1~2주가 지나면, 당신은 매일 아침 "자, 아침이다!"라고 외치며 침대에서 뛰쳐나올 수 있습니다. 오타니 선수처럼 하루를 완벽하게 소화하고, 공부나 업무에서도 큰 성과를 낼 것입니다.

날짜 20　년　월　일

그날의 생활에서 가장 가까운 항목의 숫자를 ○으로 표시해 주세요.

---

01 수면 시간
- 8시간 이상... 5　　・7~8시간... 10　　・6~7시간... 5　　・6시간 미만... 3

02 기상·취침 시간 습관 : 항상 정해진 시간에 일어나고 잠든다.
- 예... 5　　・아니오... 0

03 활동적인 휴식 시간 : 전문 분야 이외의 운동(다른 구기 종목, 걷기, 수영 등)을 즐긴 시간
- 1시간 이상... 5　　・30분~1시간... 2　　・30분 미만... 1

04 정적인 휴식 시간 : 독서, 영화, TV, 음악 감상 등 휴식을 취한 시간
- 1시간 이상... 5　　・30분~1시간... 2　　・30분 미만... 1

05 휴식을 위한 운동 시간 : 명상, 요가, 스트레칭에 보낸 시간
- 1시간 이상... 5　　・30분~1시간... 2　　・30분 미만... 1

06 식사 횟수
- 3회... 5　　・2회... 3　　・1회... 1

07 식생활의 건강도 : 가볍고, 신선하고, 저지방, 탄수화물 중심의 식사를 섭취했는가?
- 매 끼니마다 그렇다... 5　　・대부분 그렇다... 2　　・그렇지 않다... 1

08 오늘은 즐거운 하루였습니까?
- 즐거웠다... 5　　・즐겁지 않았다... 2

09 개인적인 자유 시간
- 1시간 이상... 5　　・1시간 미만... 2

> **1일 회복량의 총계**
>
> 점
>
> (50점 만점)

짐 레이어, 《스포츠맨을 위한 멘탈 터프니스(スポーツマンのためのメンタル·タフネス)》를
참고하여 작성

쓸데없어 보이는 일도
깊이 생각해 본다

오타니 쇼헤이 선수만큼 '영감'과 '직관'에 기대어 도약의
기회를 탐색하는 선수는 흔치 않습니다.

"영감이랄까, 이런 식으로 던져보자, 이렇게 쳐보자 하는 것이 갑자
기 떠오를 때가 있거든요. 해보고 아무것도 느껴지지 않으면 그걸
로도 충분하다 싶겠지만, 계속해서 하다 보면 더 좋은 영감이 떠오
르는 거죠."

- 《불가능을 가능케 하는 오타니 쇼헤이의 120가지 생각》, 피아

요즘 세상엔 효율화니 능률화니 하는 말들이 난무하고 있습니다. '넓게, 얕게'라는 것도 정보화 사회의 트렌드입니다. 하지만 그런 방식으로는 최첨단 인공지능을 상대할 수 없습니다.

참신한 영감과 쓸모 있는 직관을 얻기 위해선 쓸데없는 짓을 굳이 해보는 것도 필요하다고 생각합니다.

저는 현재 바둑기사 이야마 유타• 9단의 심리 상담사로 활동하고 있으며, 한 달에 한 차례 면담, 그리고 일상적인 전화나 메일을 통해 마음가짐에 대한 조언을 해주곤 합니다. 그런데 반대로, 제가 이야마 기사의 가르침을 받는 일도 많습니다. 그는 다음과 같이 말합니다.

"저는 다른 기사와 비교했을 때, 자세히 들여다보지도 않고 '이런 수가 좋을 리가 없다'라고 판단해 버리는 경우가 적은 것 같아요. 아무리 보기에 좋지 않아 보이는 수라도 '혹시나' 하는 생각으로 왜 안 되는 건지 근거를 찾기 위해 읽어봅니다. 그렇게 하다 보면 아무도 눈치 채지 못한 맹점 같은 좋은 수를 발견하기도 합니다. 물론 역시

• 1989년생인 이야마 유타는 일본 최고의 프로 바둑기사로 평가받는 인물이다. 2016년 일본 바둑계 최초로 7대 기전 완전 제패를 달성하고, 2017년에도 7관왕에 오르는 등 일본 바둑에 큰 발자국을 남겼다. 2011년부터 2022년까지 12년 연속 상금왕을 차지했고, 2018년 스포츠 선수와 예술인들에게 일본 정부가 주는 최고의 훈장 격인 '국민영예상'을 수상했다.

안 되겠구나 하고 포기하는 경우가 훨씬 더 많기 때문에 시간을 허비한다고 할 수도 있죠. 하지만 그래도 저는 '이론이나 상식을 뛰어넘는 수를 두고 싶다'는 마음을 버릴 수가 없네요."

- 《이기는 두뇌 勝ちきる頭脳》, 겐토샤 문고

쓸데없어 보이는 일이라도 깊이 고민하는 것이 일류인 사람들의 능력입니다. 인공지능 연구의 권위자인 가와카미 히로시 교토 대학 특임교수는 다음과 같이 말합니다.

"갈팡질팡하거나, 일직선으로 결론에 도달하지 않고 같은 곳을 빙빙 돌거나, 때로는 길을 잘못 들거나, 먼 길을 돌아가는 것. 그것이 바로 깊이 생각하는 것이다. 그런 행위에 '나만의 고유함'을 찾는 단서가 숨겨져 있다. 그리고 그 '나만의 고유함'이야말로 앞으로의 사회를 살아갈 '나만의 강점'이 될 것이다."

- 《딥 씽킹DEEP THINKING》, 선마크출판

이번 장의 마지막 페이지에 자신의 하루를 기록하고 평가해 볼 수 있는 'KPT 사고법 체크 리스트'가 있습니다. KPT란 '계속하기Keep', '개선하기Problem', '새롭게 시도하기Try' 등 세 가지 항목으로 공부나 일의 상황과 결과를 되짚어 보는 기법입니다.

하루 10분이든 15분이든 상관없습니다. 그날의 KPT를 고민할 수 있는 시간을 확보하고, 되짚어 볼 수 있는 자료를 차곡차곡 모아보세요.

철저하게 '좋아하는 것'과 '잘하는 것'을 기준으로, 한 가지 주제로 좁혀서 깊이 생각해 보시기 바랍니다. 그리고 그 생각을 종이나 스마트폰에 기록하세요. 이 습관을 몸에 익히면 미래 시대에 살아남는 인재가 될 수 있습니다.

KPT 사고법 체크 리스트

1단계	계속하기 Keep	성취감을 느꼈는가? 기쁨이나 만족감을 느꼈는가?
		내 행동이 좋았던 적이 있는가? 그것은 왜 잘된 것인가?
		내가 아닌 다른 사람의 행동이 좋았다고 생각한 적이 있는가? 그것은 왜 좋았는가?
2단계	개선하기 Problem	실패하거나 목표 달성에 방해가 되었던 적이 있는가?
		힘들거나, 고민하거나, 참기 힘든 적이 있었는가?
		이런 구성원이라면 더 잘할 수 있었을 것이라고 생각되는 요소가 있는가?
3단계	새롭게 시도하기 Try	Keep에 작성한 내용을 어떻게 하면 효과적으로 실행할 수 있는가?
		Problem에 작성한 내용을 어떻게 하면 해결할 수 있는가?
		다음 목표 설정과 일정에 대한 이미지가 그려지는가?

계속하기 Keep	
개선하기 Problem	
새롭게 시도하기 Try	

앤드, 《사고법 도감(思考法図鑑)》에서 인용

Rule 32

적은 대로 생각하고,
적은 대로 이루어진다

제가 프로 골퍼들과 심리 상담을 할 때 가장 먼저 요청하는 것은 "그때그때의 자신의 감정을 최대한 사실적으로 기록하는 습관을 들이라."는 것입니다.

선수들은 '전용 노트'를 항상 몸에 지니고 다닙니다. 그리고 그때그때 느낀 것을 솔직하게 노트에 기록합니다. 자신의 감정을 글로 적어보는 것이죠.

오타니 쇼헤이 선수도 '메모광'입니다. 시작은 여덟 살 때부터 아버지인 토오루 씨와 주고받은 일기였다고 합니다. 표지에 '야구 노트'라고 적힌 노트에 토오루 씨는 조언이나 경기 평가를 적고, 오타니 선수는 경기의 반성이나 앞으로의 과제를 적었다고 합니다. 이 교환 일기는 초등학교 5학년 때까지 이어졌습니다. 이를 회상하며 토오루 씨는 다음과 같이 말했습니다.

"경기를 마치고 돌아와서 '오늘은 이런 플레이를 할 수 있었다'라고 쓰는 거죠. 3회까지는 좋은 투구를 했다, 높은 공에 손을 댔다, 볼넷을 치고 플라이를 올렸다 등등 경기의 좋았던 점, 나빴던 점 등을 노트에 쓰게 했어요. … 그런 것들을 기록해서, 해야 할 것을 확실히 머릿속에 새기게 하고 싶었습니다. 즉, 훈련을 통해 의식을 갖게 하는 거죠. 야구 노트를 시작하게 된 가장 큰 계기는 거기서부터였어요."

- 《길을 열어 바다를 건너는 오타니 쇼헤이의 맨얼굴》, 후소샤

생각나는 것을 기록하는 습관을 들이지 않으면, 그 생각은 영원히 어둠 속에 묻혀버릴 운명에 처하게 됩니다. 글로 기록하는 것이 중요한 이유입니다. 이후에도 오타니는 의욕적으로 '자신의 생각을 글로 남기는' 습관을 유지하고 있습니다.

장비 협찬사의 특별 기획 인터뷰에서 "연습이나 실전에서 자신의 과제를 따로 기록하고 있는지요?"라는 질문에 오타니는 다음과 같이 답했습니다.

"물론 쓰고 있습니다. 하루하루 아이패드에 이거 좋았다, 이거 나빴다, 내일은 이렇게 해보자… 이런 걸 일기장처럼 적어놔서, 점점 쌓아가는 식이에요. 시즌 중에 좋을 때도 있고 나쁠 때도 있기 때문에 좋을 때는 이런 느낌으로 했구나, 나쁠 때는 이런 느낌으로 했구나, 이런 기억을 더듬어 보면 답이 보이기도 하거든요. 당장의 시즌 뿐 아니라 다음 시즌을 위한 힌트가 되기도 해요. 나중에 현역 생활을 마치더라도 첫해의 나는 이렇게 생각했구나 하는 깨달음이 플러스 요소가 될 거라고 생각합니다."

- 《스프레드 SPREAD 2020년 3월 30일》

그날 느낀 감정을 글로 남기는 것이 긍정적인 효과를 가져온다는 것은 심리학 실험에서도 증명된 바 있습니다.

미국 웨인 주립대학 K. M. 프로벤자노 박사팀은 대학생 일흔네 명을 두 그룹으로 나눠 A그룹에게는 그날의 사건만 기록하게 하고, B그룹에게는 그날 느낀 감정을 일기에 쓰게 했습니다.

그 결과, A그룹 학생들에게는 별다른 성적 향상이 없었지만 B그룹 학생들의 성적은 눈에 띄게 올랐습니다.

저는 프로 선수들을 위해 수십 가지의 체크 리스트를 개발했습니다. 그중에서도 다음 페이지에 있는 '자신과의 대화 노트'는 선수들에게 매우 인기가 있습니다. 여러분도 네 가지 질문에 대해 자신의 솔직한 마음을 있는 그대로 털어놓으세요.

그리고 기록한 내용을 정리해서 '그때 나는 어떤 생각을 하고 있었을까'를 되돌아보는 데 활용했으면 합니다. 이 노트가 당신의 꿈을 이루는 하나의 계기가 되기를 바랍니다.

날짜 20   년   월   일

① 지금 가장 갖고 싶은 것은?

② 지금 가장 하고 싶은 것은?

③ 지금 가장 없어졌으면 하는 나쁜 습관은?

④ 오늘 최고의 장면은?

'동기 부여'를 높이는 방법!

하루에 한 번씩 반드시 자신의 노력을 평가한다

Rule 33

오타니가 생각하는
어른의 조건

오타니 쇼헤이 선수는 어떤 위기 상황에서도 항상 긍정적으로 생각하고 평소의 행동을 유지하는 능력이 있습니다. 반면에 우리는 자칫하면 위기의 충격을 고스란히 받으면서 움츠러들기 쉽습니다. 이에 대해 오타니 선수는 다음과 같이 말했습니다.

"잘했을 때보다 안 좋았던 경기가 더 기억에 남아요. 제 약점이 있으면 고쳐나가고 싶거든요. 열심히 하라는 소리도 제가 부정적인 생각을 하고 있을 때에는 '제대로 스트라이크를 넣어!'라는 소리로 들리죠."

- 《불가능을 가능케 하는 오타니 쇼헤이의 120가지 생각》, 피아

오타니 선수는 안 좋은 일이 있어도 긍정적으로 해석하는 능력이 있습니다. 이와 관련해 'ABC 이론'은 우리가 긍정적인 사고를 갖추는 데 큰 도움이 됩니다. 심리학자 앨버트 엘리스 박사가 고안한 것으로, '역경Adversity', '해석Belief', '결과Consequence'의 머리글자를 따 지은 이름입니다.

주어진 상황을 잘 해석하면 결과는 자연스럽게 좋은 방향으로 나아갑니다.

예를 들어, 슈퍼마켓 주차장이 꽉 차서 자리가 나기를 기다리고 있는데, 뒤늦게 온 차량이 그 자리를 가로챘다고 합시다A.

만약 당신이 '저 운전자는 이기적인 사람이다'B라고 해석한다면, 분노는 쉽게 가라앉지 않을 것입니다. 결과적으로 그 운전자에게 소리를 지르고C, 싸움으로 발전할 수도 있습니다.

반면에 이럴 때 '저 운전자는 서둘러 물건을 사야 할 필요성에 쫓기고 있겠지'B라고 생각한다면 분노를 느끼지 않을 수 있습니다. 당연히 그 운전자와 다툼도 발생하지 않을 것

입니다.

이번 장의 마지막 페이지에 'ABC 일기'의 예시가 있습니다. 좋지 않은 일이나 좋은 일이 생겼을 때, 전용 노트에 자신이 그 일을 어떻게 해석하고 그 결과로 어떤 일이 일어났는지 적어보세요.

이를 통해 당신이 위기 상황에 처했을 때 그 상황을 있는 그대로 받아들이고, 상황을 긍정적으로 해석하는 훈련을 해보세요. 이치를 따지지 않고 일단 시작해 보는 것이 중요합니다.

일기를 시작한 지 열흘만 지나면 점점 더 긍정적인 해석을 하는 자신을 발견하게 될 것입니다. 뿐만 아니라 정서적으로도 안정되고, 신기하게도 주변에 좋은 일들이 일어나는 것에 놀라게 될 것입니다.

이것은 일뿐만 아니라 다이어트, 금연, 금주 등 건강 습관에도 큰 도움이 됩니다. 나쁜 습관의 뿌리는 '오늘 하루 정도는 괜찮아', '내일부터 하지' 등의 달콤한 유혹에 빠지는 것입니다. 이런 안일한 생각이 쌓이면, 빠져나올 수 없는 의존증이 되는 것입니다.

오타니 선수는 하나마키히가시 고등학교 시절의 연습을 회상하며 다음과 같이 말했습니다.

"아주 힘든 훈련 일정이 있다면, 그건 하고 싶지 않아요. 하지만 내가 성장하기 위해서는 해야 합니다. 그렇기 때문에 그 훈련을 스스로 할 수 있는지가 중요합니다. 무엇이 옳은지 생각하고 행동할 수 있는 것, 그게 어른입니다."

- 《불가능을 가능케 하는 오타니 쇼헤이의 120가지 생각》, 피아

매일 'ABC 일기'를 쓰면 당신의 인생이 긍정적인 기운으로 가득 차고, 오타니 선수처럼 인생이 점점 더 좋은 방향으로 나아가게 될 것입니다.

날짜 20   년   월   일   날씨   기온   도

01 곤란한 상황을 최대한 구체적으로 작성해 주세요.

....

....

02 그 상황에 대한 바람직한 해석을 최대한 구체적으로 적어주세요.

....

....

03 그 해석의 결과에 대해 최대한 구체적으로 작성해 주세요.

....

....

작성 예시

01 곤란한 상황을 최대한 구체적으로 작성해 주세요.

내일 해야 할 프리젠테이션 자료 작성이 끝나지 않았다

....

02 그 상황에 대한 바람직한 해석을 최대한 구체적으로 적어주세요.

오늘 19시까지 자료 작성에 전력을 투입해서 내일 프리젠테이션에서

최선을 다한다

03 그 해석의 결과에 대해 최대한 구체적으로 작성해 주세요.

무사히 프리젠테이션을 마쳤다.

참석한 사람들이 내 설명을 이해했다.

프로 선수들도 ABC 일기를 꾸준히 작성하여 그 효과를 보고 있다. ABC 일기를 계속 쓰면 긍정적인 해석을 하는 습관이 생긴다.

앤드, 《사고법 도감》에서 인용

어떤 사람으로 살지
스스로 정하라

'좋아하는 것'과 '잘하는 것'으로 꿈을 이루기 위해서는 자신이 '잘하는 것'과 '못하는 것'을 제대로 알아야 합니다.

우리는 흔히 세간의 상식이나 주변 사람들의 조언을 참고하여 삶을 결정해 버리는 경향이 있습니다.

하지만 제가 계속해서 강조하는 것은 '당신의 인생을 제대로 아는 것은 당신 자신뿐'이라는 사실입니다. 게다가 가족을 포함해 그 누구도 당신만큼 당신에 대해 깊이 있게 생각하지 않습니다.

다들 자기 자신만 생각하느라 바쁩니다. 내 인생은 내가 결정할 수밖에 없습니다.

오타니 쇼헤이 선수가 메이저리거라는 큰 꿈을 이룬 것은 '내 인생은 내가 결정한다!'며 자신이 '좋아하는 것'과 '특기'를 최대한 살려서 철저히 단련했기 때문입니다.

또 그가 일본 프로 야구에서 이도류라는 이례적인 길을 선택한 것도 쉽게 타협하는 것을 싫어했기 때문입니다.

물론 그의 부모님이나 하나마키히가시 고등학교 야구부의 사사키 히로시 감독, 혹은 닛폰햄 파이터스의 쿠리야마 히데키 감독의 가르침도 컸을 것입니다. 그럼에도 최종적으로는 오타니 선수가 결정한 일이었습니다.

메이저리그로 이적할 때도 그는 스스로 결정을 내렸습니다. 사실 연봉에 있어서는 LA 에인절스보다 더 좋은 조건을 제시하는 팀이 있었습니다. 하지만 그는 '이도류'에 대한 의지를 꺾지 않았고, 이를 가장 잘 이해해 준 구단을 스스로 선택했습니다.

스스로 결정하는 것의 중요성에 대해 오타니가 했던 말을 다시 한번 소개합니다.

"목표를 갖는 것이 중요합니다. 내가 어떤 선수가 될 것인지는 스스

로 정하는 것입니다. 어떤 선수가 되고 싶으냐고 묻는다면, 매일 시합에 나가서 중요한 때에 때릴 수 있는 선수, 맡은 경기에선 지지 않는 공을 던지는 선수라고 답하겠습니다. 팀의 기둥으로서 열심히 하는 선수를 상상하는 것은 매우 중요한 일이라 생각해요.”

- 《오타니 쇼헤이 야구 소년! 일본편 2013~2018》, 문예춘추

자신의 장단점을 객관적으로 분석하고, 기회와 위기에 대처하는 방법을 미리 준비해 두는 것은 인생을 성공으로 이끄는 열쇠입니다.

저는 제가 지도하는 선수들에게 'SWOT 분석표'를 작성하도록 합니다. 이는 비즈니스 현장에서 활용되는 것으로, 실제로 많은 운동선수들이 실천하여 좋은 효과를 보고 있습니다.

SWOT이라는 이름은 '강점Strength', '약점Weakness', '기회Opportunity', '위기Threat'의 머리글자를 따온 것입니다. 하나의 주제에 대해 이 네 가지 요소를 중심으로 자유롭게 분석해 보세요.

SWOT 분석 습관을 들이면 구체적인 행동 계획이 명확해집니다. 자신이 '잘하는 것'뿐만 아니라 '못하는 것'에 대한 이해도 깊어지고, 효과적인 전략을 세울 수 있게 됩니다. 물

론 외부 요인인 기회와 위기를 제대로 이해하고 냉정하게 전략을 세울 수도 있습니다.

　이 모든 것은 오타니 선수처럼 자신의 특징을 잘 이해하고 자신의 특기를 철저히 강화하여 기회를 살리기 위한 훈련의 과정입니다. 큰 꿈을 이루기 위해 반드시 필요한 요소이지요.

SWOT 분석

날짜 20 년 월 일

주제

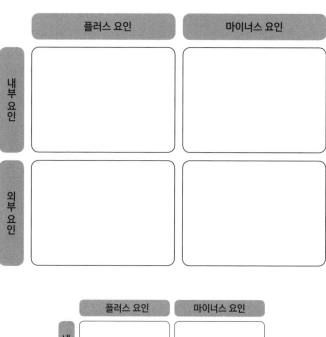

Game 06

오타니처럼 나아가기

누구도 그 무엇도
오타니를 멈출 수 없다

Rule 35

기대 이상의 인간이
되는 법

하나마키히가시 고등학교 야구부 사사키 히로시 감독과의 만남이 없었다면 지금의 오타니 쇼헤이 선수는 존재할 수 없었을 것입니다.

사사키 감독은 어렸을 때 아버지로부터 작은 화분에 담긴 은행나무를 물려받았다고 합니다. 원래는 정원에 심을 큰 은행나무를 원했기 때문에 실망스러웠습니다. 그런데 "작은 화분에 담긴 작은 묘목도 정원에 심으면 크게 자란다."는 아버지의 말을 듣고 매우 놀랐다고 합니다. 이에 대해 사사키 감독은 다음과 같이 말했습니다.

"그릇의 크기에 따라 나무의 크기가 달라진다는 것을 그때 처음 알았어요. 그리고 그것이 지도와도 통하는 부분이 있다는 것을 깨달았습니다. 그릇을 크게 해주면 그에 상응하는 크기로 자란다는 겁니다. 반대로 '너는 이 정도밖에 안 된다'고 키우면 그 정도 선수로밖에 성장하지 못하는 거죠. 어떤 선수에게는 단계적으로 그릇의 크기를 바꿔주는 것도 필요하다고 느꼈어요."

- 《길을 열어 바다를 건너는 오오타니 쇼헤이의 맨얼굴》, 후소샤

많은 사람들이 자신을 과소평가하고 있습니다. 자신이 살아온 삶을 통해 '나는 이 정도의 인간'이라고 스스로 단정 짓는 것이지요.

물론 과거를 바꾸는 것은 아예 불가능합니다. 하지만 미래를 과거의 연장선상에서 생각해서는 안 됩니다. 미래는 모든 가능성을 가지고 있습니다. '나는 이 정도 인간이다' 하는 식의 자아상을 지금 당장 바꾸어 봅시다.

저는 '노력은 수도꼭지에서 흘러나오는 물의 양', '자아상은 그 물을 담는 그릇의 부피', 그리고 '성과는 그 그릇에 담을 수 있는 물의 양'이라고 생각합니다. 아무리 노력을 쌓아도 그릇의 부피보다 더 많은 물을 저장할 수 없습니다. 즉,

노력을 쌓기 전에 '나'라는 그릇의 부피를 키워야 합니다.

구체적으로는 다음과 같은 메시지를 스스로에게 수시로 들려주세요.

"나는 ○○○이라는 엄청난 재능을 가지고 있다!"

"나는 꾸준히 발전하고 있다!"

"나는 ○○○에 있어서는 누구에게도 뒤지지 않는다!"

이런 메시지를 자주 스스로에게 되뇌어 보세요. 그것만으로도 자아상이 바뀌고, 우리는 엄청난 힘을 발휘할 수 있게 됩니다.

또 한 가지 자아상을 바꾸는 방법은 부정적인 표현을 긍정적인 표현으로 바꾸는 기술을 익히는 것입니다. 우리 주변에는 좋은 일뿐만 아니라 좋지 않은 일도 자주 일어납니다. 특히 공부나 일에서 좋은 결과를 얻지 못했을 때 우리는 무의식적으로 부정적인 생각에 사로잡히기 쉽습니다.

사실 감정은 어떤 사실로 인해 생겨나는 게 아닙니다. 그 사실을 어떻게 받아들이느냐에 따라 긍정적인 감정과 부정적인 감정으로 나뉘는 것입니다.

결과적으로 그 감정 때문에 스스로를 과소평가하게 되고, 좋지 않은 자아상을 뇌 속에 심어주게 되는 것입니다.

제가 개발한 '감정 변화의 스킬 향상표'는 많은 직장인들과 학생들이 활용하고 있습니다. 다음 페이지의 예시를 참고하여 매일 부정적인 감정을 긍정적인 감정으로 바꾸는 기술을 익혀보세요.

그리고 그날의 '긍정도 점수'를 숫자로 적어봅시다. 안 좋은 일이 생겼을 때 이 표를 이용해 긍정적 요소를 끌어낼 수 있다면, 당신의 자아상은 개선되고 자신감 넘치는 사람으로 거듭날 것입니다.

날짜 20 년 월 일

부정적 감정 상담이 잘 되지 않는다. 나는 이 일에 적합하지 않다.
↓
긍정적 감정 완벽하게 준비하면 다음 상담은 잘될 것이다.

부정적 감정①
↓
긍정적 감정①

부정적 감정②
↓
긍정적 감정②

부정적 감정③
↓
긍정적 감정③

부정적 감정④
↓
긍정적 감정④

오늘의 긍정도 점수 점 (100점 만점)

긍정적인 감정과 부정적인 감정은 뇌의 다른 곳에서 생겨난다.
다시 말해, 당신이 어떻게 받아들이느냐에 따라 달라질 수 있다

Rule 36

행운은 즐기는 사람에게
찾아온다

2021년 시즌 오타니 쇼헤이 선수는 '야구의 신'이라 불리는 베이브 루스가 1918년에 기록한 '투수로서 두 자릿수 승리13승 7패, 타자로서 두 자릿수 홈런11개'의 대기록을 달성했습니다. 하지만 두 기록을 비교하면 어느 쪽이 더 대단한 성적인지 누구나 알 수 있을 것입니다.*

오타니만큼 즐겁게 뛰고 있는 메이저리거는 많지 않습니다.

우리는 오해하고 있는 것이 있습니다. 바로 '슬프면 눈물이 난다'는 통념입니다. 진실은 그렇지 않습니다. '눈물이 나니까 슬퍼진다'가 맞습니다. 생리적 변화나 외모가 우리에게 특정한 감정을 유발하는 것입니다.

즉, 항상 웃으면서 즐겁게 일하면 기분이 좋아지고, 결과적으로 잠재력을 마음껏 발휘할 수 있습니다. 오타니가 이 사실을 알고 있는지는 확실치 않지만, 노력하는 모습과 즐겁게 플레이하는 것이 2021년 시즌의 대기록을 세우는 데 분명 기여했을 것입니다.

어느 팬 이벤트에서 "이상형은 어떻게 되시나요?"라는 질문을 받은 오타니는 다음과 같이 답했습니다.

"항상 웃고 있는 사람이 좋아요. 평소에도 항상 웃어주는 사람이 좋죠."

- 《불가능을 가능케 하는 오타니 쇼헤이의 120가지 생각》, 피아

오타니는 항상 웃는 얼굴로 경기를 뜁니다. 1루에 출루하면 상대팀 1루수와 즐겁게 대화를 나눕니다. 소년 같은 마음

● 오타니 쇼헤이는 이도류라는 이유로 베이브 루스와 비교되는 경우가 많다. 베이브 루스 역시 투수로서, 또 타자로서 전설적인 기록을 남겼기 때문이다. 그러나 베이브 루스는 1915~1919년 시기엔 투수, 1919년 이후엔 타자로 활동해 투수에서 타자로 옮겨간 경우이다. 오타니는 이를 동시에 소화하고 있다는 점에서 더 이상 비교는 무의미하다는 주장이 대세를 형성하고 있다.

을 가지고 플레이하기 때문에 그토록 좋은 성적을 거둘 수 있는 것입니다.

긍정심리학의 대가인 바버라 프레드릭슨 박사는 긍정성은 열 가지 긍정적 감정으로 구성된다고 분석합니다. ①기쁨, ②감사, ③평안, ④흥미, ⑤희망, ⑥긍지, ⑦즐거움, ⑧고무됨, ⑨경외감, ⑩사랑 등입니다. 이러한 감정의 양을 늘리는 것만으로도 당신의 긍정성은 자동적으로 늘어나게 됩니다.

어린이는 긍정성의 상징입니다. 천진난만함, 밝음, 미소, 명랑함 등은 모두 어린이의 자질입니다. 하지만 안타깝게도 나이가 들면서 조금씩 잃어버리게 됩니다.

그러므로 의식적으로 어린 시절로 돌아가는 것이 우리의 긍정성을 유지하는 비결입니다.

또 아래와 같은 습관만으로도 긍정성은 꾸준히 늘어납니다.

- 의식적으로 웃는 횟수를 늘린다.
- 주변 사람들에게 더 자주 감사를 표현한다.
- 어린 시절 품었던 감정과 친구의 웃는 얼굴 등을 떠올려 본다.

웃는 것을 가벼이 여겨서는 안 됩니다. 단순히 웃는 것만

으로도 킬러 세포가 증가합니다. 뿐만 아니라 웃으면 자연스
럽게 행복감이 마음속에 가득 채워집니다.

다음 페이지에 '웃음의 여덟 가지 효과'가 나와 있습니다.
자신의 매력적인 웃음을 이해하고, 오타니 선수처럼 가능한
한 자주 그 웃음을 보여주세요. 이것이 당신의 긍정성을 증
가시킬 것입니다. 그리고 점점 좋은 소식들이 찾아올 것입
니다.

날짜 20   년   월   일

웃음의 효과 1　　면역력이 높아진다.
· 암세포를 죽이는 킬러 세포의 활동이 증가한다.
· 뇌의 엔도르핀 농도가 상승하여 면역력이 높아진다.

웃음의 효과 2　　스트레스가 완화된다.
· 스트레스 호르몬인 코르티솔이 감소한다.
· 웃음은 복식호흡이기 때문에 세로토닌이 활성화되어 결과적으로 스트레스가 완화된다.

웃음의 효과 3　　통증이 완화된다.
· 15분간 웃으면 통증에 대한 내성 수준이 10퍼센트 상승한다.
· 진통물질인 엔도르핀이 분비된다.

웃음의 효과 4　　각종 신체 증상에 효과가 있다.
· 혈관이 열려 혈압을 낮추고 심장에 좋은 영향을 준다.
· 혈당치의 상승을 억제한다.
· 변비 해소에 도움이 된다(자율신경의 균형이 잡힌다).

웃음의 효과 5　　기억력이 좋아진다.
· 코르티솔 억제 작용으로 해마의 뉴런 손실이 감소하여 기억력이 향상된다.
· 뇌파의 알파파가 증가하여 편안한 상태가 되어 집중력과 기억력이 좋아진다.

웃음의 효과 6　　행복해진다.
· 행복 물질인 도파민, 쾌락 물질인 엔도르핀이 분비되어 '즐겁고', '행복한' 기분을 느끼게 된다.
· 웃고 있는 사람은 30년 후의 행복 지수가 높다.

웃음의 효과 7　　사고방식이 긍정적으로 바뀐다.
· 미소를 짓는 것만으로도 생각이 긍정적으로 바뀐다.

웃음의 효과 8　　장수한다.
· 웃는 사람은 그렇지 않은 사람보다 평균 7년 더 오래 산다.

가바사와 시온, 《열심히 하면 병은 낫는다(頑張らなければ、病気は治る)》를 참고하여 작성

오타니,
마음먹은 대로 사는 사람

앞서 설명한 '완벽주의자'와 '최선주의자'라는 분류 외에
또 다른 분류법이 있습니다. 바로 '두 가지 마인드셋'입니다.
언젠가 오타니 쇼헤이 선수는 이렇게 말했습니다.

"알기도 하고 할 수도 있는 사람은 천재겠죠. 저는 알면서도 할 수
없으니 연습을 많이 하지 않으면 안 돼요. 연습은 그걸 위해 있는
것 아니겠어요."

- 《넘버 2019년 6월 27일》, 문예춘추

타고난 재능이 아닌 노력이 성과를 높인다는 신념이 오타니 선수를 위대한 메이저리거로 만들었습니다. 자신을 과소평가해서는 안 되지만, 재능에 연연하지 않고 꾸준히 노력하는 것의 중요성을 명심하는 것이 '꿈을 이루는' 발판입니다.

마인드셋은 '마음가짐'이라는 뜻입니다. 특정 상황을 어떻게 받아들이는가 하는 문제입니다.

예를 들어, 학교 시험에서 어려운 문제가 나왔을 때를 생각해 봅시다. 마인드셋은 두 가지입니다. 하나는 '괴로운 표정을 지으며 안 된다는 표정으로 문제를 푸는 학생'이고, 또 하나는 '활기찬 표정으로 눈을 반짝이며 의욕적으로 문제를 푸는 학생'입니다.

다른 말로 하면, 조금만 실패해도 '이제 안 된다고 생각하고 낙담하는 사람'과 '실패를 잘 받아들이고 그 원인을 찾아내는 사람'으로 나누어진다고 하겠습니다.

이 분야의 연구로 큰 성과를 거둔 심리학자 캐롤 두에크 박사는 다음과 같이 말합니다.

"마음만 먹으면 능력은 얼마든지 키울 수 있는데, 왜 현재의 능력을 보여주는 것에만 집착해 시간을 낭비하는 것일까. 단점을 극복하지 않고 감추려고만 하는 것 같다. … 생각대로 되지 않아도, 아니 잘 안되는 때일수록 끈질기게 노력하는 것이 '유연한 마인드셋'의 특징이다. 인생의 시련을 극복할 수 있는 힘을 주는 것은 바로 이 마음가짐인 것이다."

- 《마인드셋 '하면 된다!'에 대한 연구MINDSET 'やればできる！'の研究》, 소시샤

두에크 박사는 마인드셋을 '경직된 마인드셋'과 '유연한 마인드셋'으로 분류합니다. 전자는 인간의 성과는 선천적 소질과 자질에 따라 고정된다고 봅니다. 후자는 인간의 성과는 노력과 단련을 통해 향상시킬 수 있다고 봅니다. 물론 오타니 선수는 확연히 후자에 속합니다.

오타니 선수처럼 '유연한 마인드셋'을 가진 사람은 어려운 일에도 스스로 자진해서 도전할 뿐 아니라 그것을 자양분 삼아 꾸준히 발전합니다. 눈앞에 장벽이 높으면 높을수록 더 많은 동기 부여를 통해 장벽을 넘으려 합니다.

반면에 '경직된 마인드셋'을 가진 사람은 항상 '실패하면 안 된다'는 절박감에 휩싸여 있습니다. 뿐만 아니라 조금만 성공해도 우월감에 젖어서 노력을 게을리합니다.

천재들의 심리에 관한 연구로 유명한 교육심리학자 벤자민 블룸 박사는 피아니스트, 조각가, 올림픽 선수, 수학자 등 뛰어난 업적을 남긴 사람들의 공통점을 조사했습니다. 그 결과 그들에겐 다음과 같은 두 가지 공통점이 있었습니다.

첫째, 그들의 어린 시절은 평범했고, 사춘기 초반에도 뛰어난 재능을 보여주지 못했습니다.

둘째, 하지만 10년 이상의 끊임없고 피나는 단련을 통해 위대한 업적을 이룩했습니다.

다음 페이지에는 '두 가지 마인드셋을 가진 사람들의 사고와 행동 패턴의 차이'가 나와 있습니다. 현재 당신이 어느 마인드셋에 속하는지 확인해 보세요. 유연한 마인드셋을 가지게 되면, 당신도 오타니 선수처럼 멋진 성과를 낼 수 있게 될 것입니다.

경직된 마인드셋을 가진 사람

- 하기 전부터 '해도 안 된다'며 도망쳐 버린다
- 구체적인 행동을 하지 않는다
- 슬럼프가 끝없이 이어진다
- 최선을 다하지 않는다

유연한 마인드셋을 가진 사람

- 주어진 위치에서 최선을 다한다
- 타인을 도우려는 마음이 강하다
- 좋은 결과를 이끌어 낼 수 있는 힘이 있다고 믿는다
- 난제를 해결하려는 도전 정신이 있다

운 좋은 사람이
되고 싶다면

오타니 쇼헤이 선수만큼 '운'을 불러들이는 선수는 많지 않습니다. 여전히 '운'은 신비로운 색채를 지닌 요소입니다.

오타니는 2016년 6월 5일 요미우리 자이언츠와의 경기에서 당시 일본 최고 구속인 시속 163km를 기록했습니다. 그때를 회상하며 오타니가 한 말을 다시 한번 인용합니다.

"시속 163km는 **목표를 하나 달성했다는 의미**에서 좋은 경험을 한 것 같아요. 목표를 달성했을 때의 기쁨과 목표를 세웠을 때의 설렘을 떠올릴 수 있으니까요. 그런 경험 하나하나가 내 안에 쌓여가는 것 같아요."

- 《오타니 쇼헤이 야구 소년! 일본편 2013~2018》, 문예춘추

사실 '운'은 오타니 선수가 말하는 '설렘'과 궁합이 잘 맞아떨어집니다. 오타니 선수는 '자신에 대한 기대감'도 만만치 않습니다. 이것이 그에게 행운을 불러들이고 있습니다.

장기적으로 봤을 때 '운'이라는 것은 누구에게나 평등하게 배분되는 것이라고 생각합니다. 물론 저마다의 긴 인생에서 행운이 연속적으로 찾아오기도 하고, 불운이 겹쳐서 찾아오기도 할 것입니다.

운에 관한 연구의 세계적 권위자인 리처드 와이즈먼 박사는 다음과 같이 말합니다.

"운이 좋은 사람의 꿈과 목표는 신기할 정도로 실현된다. 운이 없는 사람들의 경우는 정반대다. 그들의 꿈과 목표는 허황된 공상과 거의 다를 바 없다. 운이 좋은 사람에게는 불운을 행운으로 바꾸는 힘이 있다. 하지만 불운한 사람에게는 그런 힘이 없다. 불운은 혼란과 파멸을 가져다 줄 뿐이다."

- 《운 좋은 사람의 법칙運のいい人の法則》, 카도카와 문고

같은 상황이라도 어떻게 받아들이느냐에 따라 그 이후의
삶이 달라집니다. 예를 들어 교통사고를 당해 다리가 부러
졌을 때, 운이 나쁜 사람은 '내가 얼마나 운이 나쁜가'라고
한탄합니다. 반면에 운이 좋은 사람은 "목숨을 건져서 다행
이다!"라고 기뻐합니다.

다음은 와이즈먼 박사가 개발한 '미래 기대치 테스트'입
니다. 각 질문에 대해 미래에 일어날 것이라고 생각하는 확
률을 0퍼센트절대 일어나지 않는다와 100퍼센트반드시 일어난다
사이의 숫자로 답해주세요.

미래 기대치 진단

질문1 주변 사람들로부터 재능이 있다는 말을 듣는다

(%)

질문2 나이가 들어도 나이보다 젊어 보인다　　(%)

질문3 다음 휴가는 즐겁게 보낼 수 있을 것 같다 (%)

질문4 오랜 꿈이 하나 이상 실현될 것이다　　(%)

질문5 나의 업적을 인정받을 것이다　　　(%)

평균 (%)

이번 장의 마지막 페이지에 있는 그래프는 '운이 좋은 사람
과 그렇지 않은 사람의 비율'을 보여줍니다. 해당 그래프와 당

신의 답변을 비교해 보면, 다섯 가지 질문 모두에서 기대치가 높은 사람일수록 자신이 운이 좋은 사람이라고 생각한다는 것을 알 수 있습니다.

오타니 선수처럼 평소부터 미래에 좋은 일이 반드시 일어날 것이라고 스스로에게 기대해야 합니다. 이는 당신이 생각하는 것보다 훨씬 중요하고 소중한 태도입니다.

앞의 질문에 대한 답변을 각 항목 퍼센티지와 비교해서 본인이 '운이 좋다', '중간이다', '운이 나쁘다' 가운데 어디에 속하는지 판단해 보세요.

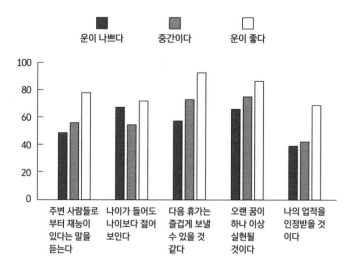

리처드 와이즈먼, 《운이 좋은 사람의 법칙》에서 인용

'잘되는 나'를
연기하라

오타니 쇼헤이 선수만큼 자신만만한 표정과 태도를 가진 선수를 찾기는 쉽지 않습니다. 연기력이야말로 일류 운동선수들이 큰 꿈을 이루기 위해 필요한 강력한 요소입니다.

오타니는 어렸을 때부터 "나는 반드시 메이저리거가 될 것이다!"라고 스스로 다짐해 왔습니다. 그리고 그렇게 했기에 꿈을 이룰 수 있었습니다.

하지만 꿈이 이뤄진 이유가 그것뿐만은 아닙니다. 오타니는 마치 자신이 이미 메이저리거가 된 것처럼 행동하고 플레

이해 왔기 때문에 그 꿈을 이룰 수 있었습니다.

'풍모'라는 단어는 연기력을 잘 나타내는 말입니다. 오타니 선수가 일류 메이저리거가 될 수 있었던 이유는 자신이 메이저리거가 되기 위한 '대본'에 따라 그 '역할'을 충실히 수행하며 일류 야구 선수의 풍모를 풍겼기 때문입니다.

사실 일류 투수가 던지는 공과 평범한 투수가 던지는 공은 같은 구질이라 하더라도 타자에게는 다른 공으로 보입니다. 일류 투수가 던진 공이 당연히 더 위력적인 공으로 보입니다.

즉, 타자 입장에서는 '어떤 공이 날아오는지'보다 '누가 던진 공인가'가 더 큰 영향을 준다는 뜻입니다. 이것이 심리학에서 말하는 '후광 효과'입니다. "컨디션이 좋을 때, 어디에 공을 던질 것인가?"라는 질문에 대해 오타니는 다음과 같이 답했습니다.

"가운데로 던집니다. 전부 한가운데로 던져요. 포수도 어느 한쪽으로 기울지 않고 가운데서 준비하고, 직구가 좋겠다 싶으면 가운데입니다. 그렇게 안 하면 아깝지 않겠어요?"

– 《오타니 쇼헤이 야구 소년 일본편 2013~2018》, 문예춘추

타자가 '가운데로 올 줄 알면서도 못 치겠다'고 생각하는 순간 승부는 이미 결정된 것입니다. 이것이 바로 '풍모'입니다. 이보다 더 든든한 아군은 없습니다.

그렇다면 이 기술을 익힐 수 있는 구체적인 방법이 있을까요? 저는 내면을 변화시키는 3단계 프로세스를 제시합니다. ① 부정형을 비롯한 부정적인 생각을 바꾸고, ② 일지에 기록하면서, ③ 긍정적인 생각을 스스로에게 들려주는 순서의 3단계입니다.

영국 글래스고 칼레도니아 대학의 엘렌 던컨 박사가 학생 177명을 대상으로 조사한 결과, 일기를 쓰는 사람일수록 불안과 불면증 경향이 두드러졌다고 합니다.

왜였을까요? 일기를 쓰는 사람의 66퍼센트는 오래된 일기를 버리지 않았고, 그중 89퍼센트는 일기를 되돌아보고 있었습니다. 그러면서 과거 쓰라린 기억이나 좋지 않은 일을 떠올린 것이 불안과 불면증을 유발한 것으로 추정됩니다.

'좋지 않았던 일'을 돌아보면 우울해지만, '잘한 일'을 돌아보면 자신감이 생깁니다.

이번 장의 마지막 페이지에는 던컨 박사가 작성한 '성장 노트'가 있습니다. 잘한 일, 할 수 있었던 일을 적어보세요. 그리고 수시로 이 노트를 훑어보세요.

오타니 선수의 자신감 넘치는 표정과 태도를 따라하고, 실제로 그렇게 행동하시기 바랍니다. 그렇게 하면 당신의 연기력이 자연스럽게 향상되고, 주변에서 좋은 일이 점점 더 많이 일어날 것입니다.

날짜 20   년   월   일   날씨   기온   도

01 좋았던 일을 가능한 한 구체적으로 적어보세요.

---

02 그때의 감정이나 생각을 가능한 한 구체적으로 적어보세요.

---

03 좋았던 일을 재현할 수 있는 방법을 가능한 한 구체적으로 적어보세요.

내가 겪은 좋은 일을 회상하려고 할 때에, 날씨나 기온은 그날의 상황을 생생하게 기억하는 데 큰 도움이 됩니다.

Duncan, E.& Sheffield, D. "Diary keeping and well-being" Psychological Reports 103.2008

Rule 40

운을 뛰어넘는 매력,
인간력을 높여라

오타니 쇼헤이 선수가 고등학생 때 작성한 '만다라트'목표를 적은 체크 리스트에는 행운을 잡는 구체적인 방안으로 '쓰레기 줍기'가 적혀 있습니다.

2021년 6월 17일 한신 타이거즈와의 경기 때였습니다. 오타니 선수가 4구째를 골라 1루로 향하다 그라운드에 떨어진 쓰레기를 주워 자신의 유니폼 주머니에 넣었습니다. 이 장면을 본 팬들로부터 찬사가 쏟아졌음은 두말할 나위도 없습니다.

오타니 선수의 이런 행동은 하나마키히가시 고등학교 시절 사사키 히로시 감독의 영향을 받은 것입니다. 사사키 감독은 '쓰레기를 줍는 것이 행운을 불러온다'고 가르쳤고, 이후 오타니는 꾸준히 너무나 당연하게 배운 대로 하고 있었기 때문입니다.

프로 야구 선수가 된 후에도 마찬가지였습니다. 그러면서 자신의 쓰레기 줍기가 이나바 아츠노리•를 롤 모델로 삼은 것이라고도 했습니다. 오타니 선수의 이야기입니다.

"이나바 선수가 경기 중에 수비를 마치고 돌아오다가 벤치 앞에서 쓰레기를 줍는 걸 본 적이 있습니다. 멋있고 감동적이었어요. 저는 그냥 지나가다가 쓰레기가 부르는 것 같아서 다시 돌아와서 줍거나 하죠. 뒤에서 쓰레기로부터 '넌 그렇게 해도 되냐'고 핀잔을 듣는 느낌이 드는, 저는 그런 타입이거든요."

— 《불가능을 가능케 하는 오타니 쇼헤이의 120가지 생각》, 피아

물론 '운이 좋아지니까'라는 이유만으로 오타니가 쓰레기를 줍는 건 아닙니다. 메이저리거가 된 후 "왜 쓰레기를 줍는

• 이나바 아츠노리(1972~)는 오타니 쇼헤이가 몸담았던 홋카이도 닛폰햄 파이터스의 외야수였다. 2006년 파이터스의 일본 시리즈 우승을 이끈 주역으로 그해 MVP에 선정됐다. 2014년에 선수로서는 은퇴했지만, 2017~2021년 일본 야구 국가대표 팀의 감독을 맡아 2021년 도쿄 올림픽 금메달 획득을 이끌었다.

가?"라는 질문을 받았을 때, 오타니는 다음과 같이 답했습니다.

"벤치 안에 있으면 계단에서 쓰레기에 미끄러져 넘어지는 사람도 있어요. 그런 사소한 부상을 저나 주변 사람들이 당하지 않았으면 좋겠어요."

- 《데일리 스포츠デイリースポーツ 2021년 10월 5일》, 데일리 스포츠사

이렇게 보면, 운은 선행을 하는 인간에게 찾아오는 것이라고 봐야 할 것 같습니다. 아무것도 하지 않으면서 그저 '행운아 오너라' 하며 입 벌리고 있는 사람에게는 운이 찾아오지 않습니다. 앞서 '웃음의 효용'에 대해서도 설명했지만, 정말로 웃으면 행운이 찾아옵니다. 오타니 선수처럼 주변 사람들에게 웃으며 밝게 행동하는 사람은 조용히 있어도 행운이 찾아옵니다.

인간은 '아무것도 즐기지 못하는 사람', '나만 즐기는 사람', 그리고 '주변 사람들에게도 즐거움을 주는 사람' 등 크게 세 가지 종류의 인간으로 나누어집니다. 오타니 선수는 당연히 마지막 유형의 인간입니다.

행운은 공감하고 배려하는 사람을 찾아옵니다. 그렇게 되려면 가장 먼저 자기 자신에게 정직해져야 합니다. '마음의

옷'을 벗고 자기 자신에게 정직해지는 것은 매우 기분 좋은 일입니다. 마음만 먹으면 누구나 당장 지금부터 할 수 있는 일이기도 합니다.

다음 페이지에 '긍정 일기'가 있습니다. 매일 잠자리에 들기 전 10분을 활용해 '오늘 경험한 즐거운 일', '오늘의 착한 일', '가까운 미래에 경험하고 싶은 즐거운 일'을 각각 세 개씩 작성해 보세요. 그중 세 번째 가까운 미래에 경험하고 싶은 즐거운 일에는 반드시 달성 기한을 적어두시기 바랍니다.

긍정적인 일기를 쓰는 습관을 들이면 당신의 '인간력'이 높아져서 주변에서 좋은 일들이 점점 더 많이 일어나게 됩니다.

긍정 일기

날짜 20   년   월   일

★ 오늘 경험한 즐거운 일 (세 가지)

1

2

3

★ 오늘 내가 한 착한 일 (세 가지)

1

2

3

★ 가까운 미래에 경험하고 싶은 즐거운 일 (세 가지)

1

(달성 기한: 20   년   월 말일)

2

(달성 기한: 20   년   월 말일)

3

(달성 기한: 20   년   월 말일)

평가표

등급별 평가

A등급 .... 당신은 이 능력에서 매우 우수합니다.
B등급 .... 당신은 이 능력에서 평균 이상입니다.
C등급 .... 당신의 이 능력은 평균 수준입니다.
D등급 .... 당신의 이 능력은 다소 부족합니다.
E등급 .... 당신의 이 능력은 많이 부족합니다.

Rule 04 천직 찾기 체크 리스트

85점 이상	A등급
70 ~ 84점	B등급
55 ~ 69점	C등급
40 ~ 54점	D등급
39점 이하	E등급

Rule 06 나의 무기를 찾는 체크 리스트

65점 이상	A등급
50 ~ 64점	B등급
35 ~ 49점	C등급
25 ~ 34점	D등급
24점 이하	E등급

Rule 09 존 감각 체크 리스트

40점 이상	A등급 당신은 높은 확률로 존을 맞닥뜨릴 수 있습니다.
20 ~ 39점	B등급 당신이 존을 맞닥뜨릴 확률은 평균 수준입니다.
19점 이하	C등급 당신이 존을 맞닥뜨릴 확률은 그리 높지 않습니다.

Rule 11 집착력 체크 리스트

65점 이상	A등급
55 ~ 64점	B등급
45 ~ 54점	C등급
35 ~ 44점	D등급
34점 이하	E등급

Rule 22 자기 효능감 체크 리스트

35 ~ 40점	A등급
30 ~ 34점	B등급
25 ~ 29점	C등급
20 ~ 24점	D등급
19점 이하	E등급

Rule 25 정신적 강인함 체크 리스트

○의 개수

13 ~ 15개	A등급
10 ~ 12개	B등급
7 ~ 9개	C등급
4 ~ 6개	D등급
3개 이하	E등급

Rule28 긍정성 비율 자가 진단 테스트

① 긍정성을 나타내는 10개 항목에 ○표시를 하세요.

　1, 4, 8, 11, 12, 13, 14, 15, 16, 19가 긍정성입니다.

② 부정성을 나타내는 10개 항목에 밑줄을 그으세요.

　2, 3, 5, 6, 7, 9, 10, 17, 18, 20가 부정성입니다.

③ 긍정성에서 2 이상인 것을 세어봅니다.

④ 부정성에서 1 이상인 것을 세어봅니다. 없으면 1로 합니다.

⑤ ③의 수를 ④의 수로 나누어 소수로 표시합니다. 그 수가 긍정성 비율입니다.

Rule29 행복 체크 리스트

네 가지 각 항목의 점수

15점 이상 ⋯⋯⋯⋯⋯ A등급 당신의 이 능력은 매우 우수합니다.

10 ~ 14점 ⋯⋯⋯⋯⋯ B등급 당신의 이 능력은 평균 수준입니다.

9점 이하 ⋯⋯⋯⋯⋯ C등급 당신의 이 능력은 부족합니다.

Rule30 회복 체크 리스트

하루 회복량의 총계 (50점 만점)

40점 이상 ⋯⋯⋯⋯⋯⋯⋯⋯⋯⋯⋯⋯⋯⋯⋯⋯⋯ A등급

35 ~ 39점 ⋯⋯⋯⋯⋯⋯⋯⋯⋯⋯⋯⋯⋯⋯⋯⋯⋯ B등급

30 ~ 34점 ⋯⋯⋯⋯⋯⋯⋯⋯⋯⋯⋯⋯⋯⋯⋯⋯⋯ C등급

25 ~ 29점 ⋯⋯⋯⋯⋯⋯⋯⋯⋯⋯⋯⋯⋯⋯⋯⋯⋯ D등급

24점 이하 ⋯⋯⋯⋯⋯⋯⋯⋯⋯⋯⋯⋯⋯⋯⋯⋯⋯ E등급

오타니 쇼헤이의 쇼타임

평범함을 위대함으로 바꾼 오타니의 40가지 원칙

초판1쇄 발행 2023년 5월 20일
초판17쇄 발행 2024년 10월 07일

지은이 고다마 미쓰오
옮 긴 이
김 외 현
펴 낸 이
조 찬 우
펴낸곳 차선책

디렉팅 워킹타이틀
편집 이주희
표지디자인 공중정원
본문디자인 김민주
총괄마케터 나윤영
마케팅기획 김지영
인쇄 (주)예인미술
출판등록 제2022-00056호
주소 서울특별시 송파구 풍납동 풍성로 14길 31 405호
전화 010-6441-4484
이메일 thenextplanb@gmail.com
ISBN 979-11-97919-84-8 03320

홈페이지 www.thenextplanb.modoo.at
인스타그램 www.instagram.com/thenextplan_official
유튜브 www.youtube.com/@thenextplanb
블로그 blog.naver.com/thenextplanb